社会体育指导员技术等级培训教材

［国家级］

SHEHUI TIYU ZHIDAOYUAN
JISHU DENGJI PEIXUN JIAOCAI
[GUOJIAJI]

国家体育总局群众体育司
国家体育总局社会体育指导中心　编

人民体育出版社

图书在版编目（CIP）数据

社会体育指导员技术等级培训教材. 国家级 / 国家体育总局群众体育司, 国家体育总局社会体育指导中心编. -- 北京 : 人民体育出版社, 2017（2023.9重印）
ISBN 978-7-5009-5261-9

Ⅰ. ①社… Ⅱ. ①国… ②国… Ⅲ. ①全民体育－体育工作者－中国－技术培训－教材 Ⅳ. ①G812.4

中国版本图书馆CIP数据核字(2017)第238555号

*

人民体育出版社出版发行
三河兴达印务有限公司印刷
新　华　书　店　经　销

*

787 × 960　16 开本　14.25 印张　200 千字
2017 年 10 月第 1 版　　2023 年 9 月第 7 次印刷
印数：18,001—21,000 册

*

ISBN 978-7-5009-5261-9
定价：24.00 元

社址：北京市东城区体育馆路 8 号（天坛公园东门）
电话：67151482（发行部）　　邮编：100061
传真：67151483　　邮购：67118491
网址：www.psphpress.com
（购买本社图书，如遇有缺损页可与邮购部联系）

编写说明

本套《社会体育指导员技术等级培训教材》包括三级、二级、一级、国家级四册，由国家体育总局群众体育司、社会体育指导中心组织有关专家根据《社会体育指导员技术等级培训大纲（2011版）》编写和审定。任海教授担任审定组组长，审定专家为葛春林、孙飙、裴立新、郭亦农、赵立、肖焕禹、杨忠伟、杨铁黎、姚克荣、唐可明、张毓芬、徐福全。

本套教材从社会体育指导员的实际工作出发，以工作规范、基本知识、组织管理、健身指导和自设教材为纲目，更贴近培训工作和各级社会体育指导员的工作实际。

本套教材重新归纳、整理了教学专题和知识要点，列举了80余个教学专题和若干知识要点，这些专题和要点吸纳了近年来我国公共体育服务、全民健身志愿服务以及社会体育实践与理论发展的新成果，更加适应社会体育指导员的工作需要。

本套教材编写过程中遵循以下原则。

1. 思想性和客观性。教材在编写时充分体现科学发展观的思想、构建和谐社会的思想，以及推动社会主义文化大发展大繁荣的思想、落实公共体育服务和《全民健身条例》，强调社会主义市场经济的时代特征，表达社会体育指导员工作为人民服务、为提高人民群众身体健康水平服务的宗旨。

2. 科学性和先进性。教材在编写时努力运用体育科学发展的最新成果，所有概念力求准确无误，论据充分明晰，不引用有争议或尚无准确结论的材料。

3. 实用性和可操作性。为了使教材符合社会体育指导员培训的特点、技术等级标准及培训大纲与考核鉴定的要求，符合我国该级社会体育指导员的实际文化水平与业务水平，不拘泥于系统性和完整性，以实用性和可操作性作为教材的出发点。教材内容的表述力求做到通俗易懂，简明扼要。为便于学员参加自学和考核，每一章都设有本章导读、思考题等内容。

毛志雄教授为本册主编，于善旭、李建国、毛志雄、李相如等专家分别担任了工作规范、组织管理、基本知识、健身指导部分的组稿和审稿工作。

本册教材编写人员为：邵雪梅（第一章，天津体育学院）、依惠琴（第二章，天津体育学院）、卢元镇（第三章、第四章、第六章部分内容，华南师范大学）、毛志雄（第五章、第六章部分内容，北京体育大学）、刘建中（第七章部分内容，上海市社会体育指导员协会）、刘明（第七章部分内容，上海体育学院）、石岩（第八章部分内容，湖北大学）、张伟(第八章部分内容，山西师范大学）、李建国（第九章部分内容，上海体育学院）、石祥（第八章部分内容，上海吉安汽车物流有限公司）、骆秉全（第十章部分内容，首都体育学院）、李相如（第十章部分内容，首都体育学院）、卢耿华（第十一章，西安体育学院）、韩会君（第十二章，广州体育学院）、刘志红（第十三章，河北师范大学）。

本册教材适用于参加国家级社会体育指导员培训的学员。体育院校社会体育专业的学生和其他社会体育工作者也可将本教材作为参考用书。

在编写本教材时，参考、引用了国内外相关文献，在此对这些文献的作者表示衷心的感谢！

编　者

2012年9月10日

目 录

第一章　社会体育指导员的社会责任

本章导读—— 以成功举办北京奥运会为标志，我国体育事业进入建设体育强国的新阶段。党和政府为进一步发展全民健身事业推出了若干重大举措，对体育领域改善和发展民生、提供公共体育服务提出了一系列新要求。社会体育指导员作为全民健身的宣传者、科学健身的指导者、群众活动的组织者、体育场地的维护者、健康生活方式的引领者，是建设体育强国、促进社会发展和文化繁荣的重要力量，应当认清时代赋予的光荣使命，不断提高自身的素质，为促进全民健身和社会发展担负起更大的社会责任。本章阐述社会体育指导员在建设体育强国和社会发展的使命和责任，分析社会体育指导员进一步提高专业素质、法律素质和道德素质的意义、内容和途径，指导着社会体育指导员在新阶段的体育事业发展中做出更大的贡献。

第一节　社会体育指导员在建设体育强国中的责任

在我国全面推进小康社会和社会主义现代化建设的进程中，体育锻炼和健身运动也日益受到重视，我国正在迈向体育强国的新阶段。建设体育强国是实现我国各项体育工作的全面进步，亟须对仍显薄弱的全民健身事业推向更高的发展水平。社会体育指导员将通过指导服务工作，为促进全民健身发展做出更大的贡献，担当起时代的重任。

一、我国体育进入建设体育强国的新阶段

北京奥运会的圆满成功，不仅引起世人对中国的关注和国人对体育的热情，也使中国体育以前所未有的辉煌和成就站在了一个新的历史高度，更加紧密地与社会主义现代化强国建设连接起来，党中央国务院发出了“进一步推动我国由体育大国向体育强国迈进”的号召。建设体育强国是党和政府站在实现中华民族伟大复兴的战略高度，对我国体育改革发展做出的新部署，为我国体育吹响了踏上新征程的号角。

建设体育强国是我国整体强国战略的重要组成部分。体育在现代社会中已成为社会发展和文明进步的重要标志，是一个国家综合国力和竞争力的重要表现，是建设社会主义现代化强国不可或缺的重要方面。

建设体育强国是充分发挥体育的独特功能和综合价值的时代要求。现代体育具有多方面的功效，在增强人民体质、促进人的全面发展、丰富社会文化生活、维护社会稳定、形成新的经济增长点和构建和谐社会等方面都有着不可替代的作用。

建设体育强国是我国体育事业发展本身的内在需求。确立建设体育强国的目标和任务，将推动我国体育界能够清醒地认识困难和矛盾，更好地抓住有利时机，推进各项体育工作的全面进步，把我国体育发展水平推上新的高度，为中国体育创造更大的发展空间。

二、全民健身在建设体育强国中的重要地位

（一）建设体育强国必须实现体育的协调发展

建设体育强国具有非常丰富的内涵，涉及体育事业的方方面面，是一个全方位要求的综合体系和全面发展的目标，要在坚持以人为本，实现、维护和发展人民群众体育利益的基础上，实现群众体育、竞技体育、体育产业、体育文化、国际体育交往、体育法制建设、体育科技和教育等各领域的全面发展，尤其要做到竞技体育与群众体育、全民健身的协调发展。同时，建设体育强国也要求群众体育、全民健身工作内部，在城市农村体育、东中西部地区体育、各类人群体育以及各个工作环节之间，都做到全面协调地发展。

（二）全民健身是体育强国建设突破性发展的重点

长期以来，竞技体育在我国体育事业中一直居于优先发展的地位。全民健身虽然得到了快速发展，但在资源占有上与竞技体育相比则相差甚远。政府提供的公共体育服务不足，与广大人民群众的需求存在较大差距，体育场地设施建设、组织机构体系、科学健身指导等都处于较低水平，经常参加体育锻炼的人数也大大低于发达国家。全民健身在目前仍是我国体育事业的薄弱环节，成为建设体育强国过程中

最大的基础性短板，是建设体育强国要着力解决的突出问题。

因此，建设体育强国必须以增强人民体质、提高全民族身体素质和生活质量为根本任务，做到群众体育与竞技体育的协调发展，将全民健身作为建设体育强国的基石。在当前建设体育强国的过程中，要努力转变群众体育的滞后状态，推动全民健身事业实现跨越式发展，保证体育强国建设的顺利发展。

三、社会体育指导员要为建设体育强国贡献力量

建设体育强国要大力发展社会体育，促进全民健身事业的发展，需要进一步调动、整合社会力量，扩大全民健身公共服务。将志愿服务的理念和做法引入全民健身实践，在发展全民健身事业中大力弘扬志愿服务精神，广泛开展全民健身志愿服务活动，对于提高公共体育服务的规模、质量和水平，为全民健身事业发展注入新的生机与活力，更好地满足广大群众日益增长的体育健身需求，具有重要的意义和影响。

在建设体育强国的过程中，我国正在建立和形成以社会体育指导员为主体，优秀运动员、教练员、体育科研工作者、体育教师、体育专业学生和社会热心人士广泛参与的全民健身志愿服务队伍，并在逐步建立全民健身志愿服务的工作和组织体系，提高全民健身志愿服务的质量，建立全民健身志愿服务的长效化机制。全民健身志愿服务已成为我国发展全民健身事业和建设体育强国的重要内容。

社会体育指导员作为全民健身志愿服务的专业人员，以其无私奉献和科学健身指导服务的各种努力，成为发展我国全民健身事业、建设全民健身公共服务体系、不断扩大全民健身公共服务的不可或缺的重要工作力量。社会体育指导员的志愿服务工作不但在进行科学健身指导、组织开展基层群众性体育健身活动中产生着实际的功效，而且要通过弘扬志愿服务的奉献精神，在促进社会和谐与倡导文明道德风尚等方面发挥作用，为建设体育强国做出积极的贡献。

第二节 社会体育指导员在促进社会发展中的责任

社会体育指导员作为全民健身志愿服务的主力军，在直接为健身群众提供帮助服务和推动全民健身事业发展的同时，还将通过体育进一步在促进社会发展方面发挥重要作用。社会体育指导员应当认清责任，努力承担起促进全民族素质提高、促进社会文化的繁荣发展、促进基本公共服务实现的重要使命。

一、社会体育指导员对提高全民族健康素质的积极作用

国民素质包括思想道德素质、科学文化素质和健康素质等多方面内容，无论是个人、群体还是整个民族，这些素质都不可或缺，它们构成了有机统一、密切联系的整体素质结构。而且，其中的健康素质是思想道德素质和科学文化素质的物质保障，是民族整体素质的基础。

社会体育指导员作为有中国特色的全民健身志愿服务工作者，是开展全民健身志愿服务活动的主力军，要立足城乡社区和各个单位，传授体育健身技能，普及科学健身知识，指导基层群众开展体育健身活动，引导人们形成科学健康文明的生活方式，这是一项提高人的健康素质的工作。而且，社会体育指导员作为一个比较庞大的工作群体，通过为广大健身群众提供指导服务，进而形成更大范围的体育健身影响和对我国全民健身事业的整体推动，在提高全民族健康素质进而提高全民族整体素质方面，发挥着重要而积极的作用。

二、社会体育指导员应为发展先进体育文化做出贡献

体育作为一种文化形态，其发展与经济社会的发展相辅相成，随着经济社会的发展进步而发展进步，又以其特有的文化功能，对经济社会发展发挥着能动作用。体育从多方面表现出独特的文化价值和文化作用，已成为一个国家和地区综合实力、

特别是文化软实力的重要体现，成为重要的文化载体和文化传播窗口，成为使人获得美好的健美享受和激励个人与民族奋进的精神。体育作为文化的重要组成部分，是建设社会主义先进文化的重要内容。促进文化的大发展大繁荣，大力发展和繁荣体育文化，是各条体育战线和体育工作者包括社会体育指导员义不容辞的责任。

社会体育指导员所从事的全民健身志愿服务是一项体现崇高体育价值理念、包括丰富科学知识内涵、建立文明健康生活方式的工作。社会体育指导员要通过自己的志愿服务，向全社会展示利他助人的高尚情操，传播无私奉献的志愿精神；要通过对健身群众的健身指导和教学帮助，传授科学健身的理念、知识和方法，科学地组织群众积极地参加健身锻炼；要通过对健身群众的宣传教育和组织引领，带动和帮助广大群众改变不良的生活习惯，建立健康、科学、文明的生活方式，不断提高生活质量。正是因为社会体育指导工作具有丰富的文化内涵和文化价值，使社会体育指导员能够在建设社会主义精神文明和发展先进体育文化中发挥出积极的作用。在国家不断推动社会主义文化大发展大繁荣的进程中，每一位社会体育指导员都要不断提高自身的科学文化素养和道德文明水准，充分理解和努力发挥自己从事全民健身志愿服务的文化影响力，为发展和繁荣先进的体育健身文化做出贡献。

三、社会体育指导员承担着提供公共体育服务的重要职责

体育在总体上属于公益事业，是需要公共部门提供资源和制度保障、为满足和着眼于提高人们身体素质和生活质量的普遍需求而为全体公众享有的公共产品，是公共服务的重要组成部分。发展公共体育服务同样在国家建立公共服务体系和推进服务型政府建设中得到重视和发展。党中央国务院明确指出提供服务是体育行政部门的重要职责，将发展公共体育事业作为公共服务的重要内容。国家体育总局也对建立公共体育服务体系做出了一系列部署，各级政府和体育部门采取了各种推动公共体育服务的措施，公共体育服务体系逐步建立。在公共体育服务中，全民健身作为公益性很强的公共产品，是公共体育服务的主要部分，而且随着经济、社会的发展和人们生活水平的提高，越来越成为满足公众基本需求的基本公共服务。

从事全民健身志愿服务的社会体育指导员承担着全民健身公共服务的工作，是从事公共体育服务的重要工作队伍。社会体育指导员是向公众传递和连接政府公共体育服务的桥梁与纽带。广大社会体育指导员作为政府提供公共服务的人才资源和得力助手，承担着提供全民健身公共服务的重要职责。

第三节　全面提高社会体育指导员的素质

社会体育指导员要能够承担起建设体育强国和促进社会发展的社会责任，履行好全民健身志愿服务的工作职责，为健身群众提供满意的科学健身指导。除了各种外在的客观条件外，社会体育指导员自身的能力水平和决定能力水平的个人素质是具有决定性的基础因素。因此，必须努力加强社会体育指导员队伍的自身建设，完善社会体育指导员的素质结构，全面提高社会体育指导员的专业素质、法律素质和道德素质。

一、提高社会体育指导员的专业素质

（一）社会体育指导员应具备的专业素质

根据《社会体育指导员管理办法》关于社会体育指导员的工作职责是向公众提供传授健身技能、组织健身活动、宣传科学健身知识的规定，在其附件《社会体育指导员技术等级标准》中，对社会体育指导员的各等级条件提出了要求，概括起来，社会体育指导员的专业素质主要包括以下几方面：

（1）健身咨询能力：各级社会体育指导员都要具有科学健身的理论知识及进行科学健身宣传和咨询的能力。

（2）技能传授能力：各级社会体育指导员都要具有某项或几项体育健身项目

的技能以及传授这些技能的方法和能力。

（3）计划安排能力：各级社会体育指导员都要具有制订健身锻炼计划的知识和实际操作的能力；国家级社会体育指导员还要具有撰写全民健身工作或调研报告的能力。

（4）组织管理能力：各级社会体育指导员都要具有组织群众性体育竞赛和体育健身活动的知识、方法以及实际的组织能力；一级、国家级社会体育指导员还要分别具有指导基层体育组织工作，组织较大规模全民健身活动的能力。

（5）培训指导能力：二级及其以上的社会体育指导员要具有对低等级社会体育指导员进行培训指导的知识和能力。

（二）专业素质在指导工作中的地位

社会体育指导工作是一项专业性很强的志愿服务，是一项以科学健身为职责，具有一定理论和技术内涵的业务性工作。只有具备较高的专业素质，才能面对不同群众的健身需求，有针对性地设计和安排健身方案，实践健身指导的科学性和时效性。目前一些社会体育指导员的指导效果不佳和受欢迎程度不高的重要原因，是专业素质还不能很好地适应指导服务的需要。因此，社会体育指导员必须高度重视自己专业素质的提高。

（三）提高社会体育指导员专业素质的内容和途径

根据社会体育指导员应当具备的专业素质要求，社会体育指导员所要提高的专业素质内容主要包括以下几方面：

（1）科学健身的观念和理论，以便为开展科学健身指导提供认知、信念和处理各项技术工作的基础。

（2）体育项目的动作技能、健身原理和传授方法，以便提高健身指导的技艺水平和传授水平。

（3）运动人体科学的有关知识和运用方法，以便能根据人的生物运动规律来安排和指导不同个人的身体锻炼过程，达到增进健康、祛病保健的目的。

（4）心理学知识和方法，以便能根据不同个人的心理特点激发他们参与健身热情，达到身心和谐的效果。

（5）组织管理知识和方法，以便能将健身群众调动和组织起来，运用各种方式方法保持健身组织的稳定性和健身活动的持久性。

提高社会体育指导员专业素质的途径主要有以下几种：

（1）要不断地加强自学，充分利用书籍、报纸、杂志、广播、电视以及网络等各种媒体，主动关注体育健身发展的新动向、新理念、新方法，自觉学习各种与科学健身和指导服务有关的理论知识和方法。

（2）要积极参加各种业务培训活动。体育主管部门、社会体育指导协会和有关的体育组织会越来越多地加强社会体育指导员工作，开展有关的教育培训，使社会体育指导员通过业务培训不断地获取新知、开阔视野。

（3）要向其他社会体育指导员同行学习，开展业务交流和研讨，同时也要虚心向所指导的健身者学习，从他们身上获得一些对自己有用的东西。

（4）要积极地通过实践进行钻研和探索，善于在指导服务实践中进行总结和反思，主动修正自我不足和提高自身的业务能力。

二、提高社会体育指导员的法律素质

（一）社会体育指导员应依法从事指导工作

社会体育指导员的工作职责、工作方式和工作条件已经得到了法律法规的保障，纳入法治化的发展轨道，社会体育指导员必须在法律的框架内和规范下开展社会体育指导服务工作，依法建立和维护社会体育指导的法律秩序。

社会体育指导员在指导过程中与体育管理部门和组织、与所在的健身组织和团队、与其他的社会体育指导员、与接受指导服务的健身者，形成了各种不同性质的关系。开展社会体育指导工作必须依法对待和调整各方面的权利与义务关系，依法维护自己的工作权利和被指导服务的健身者的合法权益，推进社会体育指导工作的有序发展。

（二）法律素质对指导工作的影响

一个优秀的社会体育指导员不仅要业务娴熟和技能精湛，有志愿奉献精神和高尚的道德情操，而且需要具备较高的法律素质，能够恰当地协调处理好在指导服务中形成的各种法律关系，预见指导工作的法律后果，维护好自己和健身者的合法权益，制止和纠正健身指导活动过程中出现的各种违法行为。否则，就会在指导服务过程中出现很多不规范、不协调的现象，甚至使合法权益受到损害，引起指导工作秩序的混乱。因此，法律素质是社会体育指导员顺利开展工作的重要保障，社会体育指导员应当自觉而持续地提高自己的法律素质。

（三）提高社会体育指导员法律素质的内容和途径

法律素质具有丰富的内涵。作为社会体育指导员，要提高法律素质应重点提高以下三方面内容：

（1）要提高法律知识水平，这是法律意识形成和做出法律行为的基础；要了解有关依法治国的一般法治理论和懂得应当依法开展指导工作、依法维护合法权益的基本道理；学习有关行政法律管理、平等民事交往等方面的法律知识；了解《体育法》《全民健身条例》等体育法律法规的内容和掌握开展群众性体育活动、体育竞赛以及安全管理等法规知识；掌握《社会体育指导员管理办法》等直接有关社会体育指导员工作的各种规章和规范性文件。

（2）要增强法律意识，只有将知识转化为意识才能在实践中运用法律处理问题，产生积极的法治态度；要树立法治理念，不断强化依法开展社会体育指导工作和维护合法权益的意识。

（3）要自觉践行法律行为，在指导服务过程中要自觉坚持依法办事，用法律法规来指导、规范自己的社会体育指导行为。

提高社会体育指导员法律素质的主要途径是学习。这里的学习主要包括以下内容：

（1）自觉地根据指导工作需要阅读有关的法律书籍，掌握一定的法律常识。

（2）注意收听、收看和阅读各种法制类广播电视节目和报刊中的法制栏目，通过实例强化自己的法律意识和法律知识。在学习中还要注意联系实际，针对某些社会体育指导服务中发生的问题进行知识探索和思考，将取得更好的学习效果。

（3）积极参加体育部门、体育组织开展的相关培训讲座，提高法律素质和水平。

另外，社会体育指导员还可以主动聘请和接受法律专业人士的帮助，指导自己更好更快地提高法律素质。

三、提高社会体育指导员的道德素质

（一）社会体育指导是高尚的志愿奉献行为

社会体育指导是一种不计报酬的无偿劳动，是社会体育指导员基于对全民健身的热心和服务健身群众的责任感，自愿无偿地以自己的知识、技能、经验、精力和时间等帮助和带领群众开展健身活动、向社会广泛传播科学健身理念和文化、促进健身群众身心发展的志愿服务，并作为全民健身志愿服务的主体内容，成为我国志愿服务的重要组成部分。志愿奉献是社会体育指导员道德精神的精髓，是社会体育指导员持续进行全民健身指导服务的动力源泉。

（二）道德素质在指导工作中的作用

社会体育指导活动是一项以较高道德素质为支撑的志愿服务，良好的道德素质是广大社会体育指导员致力志愿奉献的内在动力。社会体育指导员仅靠对体育健身项目的浓厚兴趣是不能维持长久的。能够持之以恒地从事全民健身志愿服务，自愿无偿地将自己的知识、技能、时间、精力无私地奉献，如果没有对他人、对社会的责任感和奉献精神，是难以做到和做好的。因此，这种以志愿奉献为核心的道德素质，在社会体育指导服务中具有决定性作用。有了这样的道德素质和高尚情操，就能够更加自觉地钻研业务、提高水平、全心全意地为健身群众服务，就能够通过耐心细致的指导使健身群众的健身水平得到更快的提高。也正是这样的道德素质，才能使社会体育指导员能够更好地融入社会，实现自己的人生理想和价值。

（三）提高社会体育指导员道德素质的内容和途径

提高社会体育指导员的道德素质，在内容上应当充分体现出先进性和时代性，以科学发展观为指导，以社会主义核心价值体系为引领，树立社会主义荣辱观。具体内容如下：

（1）要坚持为人民服务的道德原则，将自己的志愿服务热情、体育活动兴趣和对指导活动的热爱，置于建设小康社会与和谐社会的背景之中，并提升到为体育强国建设和全民健身志愿服务做贡献的高度，进一步提高自己的精神境界和修养层次。

（2）要牢牢把握利他奉献的志愿服务精髓，开阔为广大健身群众热心服务的胸怀，不断谋求在指导服务的奉献中获得价值追求与幸福感，不断增添可持续发展的精神动力。

（3）要按照对社会体育指导员所要求的各种行为规范，认真履行自己的志愿服务职责，在指导过程中做到科学、文明、安全、诚信，与各方主体建立尊重、和谐的人际关系，维护和提升社会体育指导员的良好道德形象。

提高社会体育指导员道德素质的主要途径有以下几种：

（1）要创造和形成浓郁的道德文化氛围，开展社会主义核心价值体系和优秀道德理念的宣传教育，特别是要在体育工作和社会体育指导员中大力宣传社会体育志愿服务的先进典型，引导和激励广大社会体育指导员不断地追求高尚、追求卓越、主动升华。

（2）要依靠个人的主观努力或严格的自律，不断加强自我修养和意志锻炼，提升道德境界，努力进行道德实践，更加自觉地提升自己志愿奉献的道德素养。

（3）要坚持真理，修正错误，不断提高自己的道德水准。抵制各种落后、低级、短视的思想和行为，坚持正义向上的价值取向，通过不断地寻找差距和解决问题来获得道德境界的不断提升和发展。

[思考题]

①——社会体育指导员在建设体育强国的进程中有何作用？②——如何理解社会体育指导员在当前社会发展中所负有的历史使命？③——为什么社会体育指导员要全面提高自己的素质？④——社会体育指导员应如何提高自己的专业素质、法律素质和道德素质？

第二章　社会体育指导员的学习与提高

本章导读—— 我国全民健身事业和社会体育指导工作呈现出持续开展、日趋蓬勃的发展态势。学习型社会、体育强国建设不断地赋予全民健身事业发展和社会体育指导工作以新的使命，也必然对社会体育指导员自身素质的提高和可持续发展提出了更高的要求。为此，必须建立相应的工作制度，采取各种措施，建立持续发展的工作机制，促进社会体育指导员指导服务能力和思想业务水平的不断提高。本章阐述持续提高社会体育指导员素质与水平的需求和途径，分别介绍通过继续教育、培训学习、交流展示和总结探索等各种方式来促进社会体育指导员发展提高的意义和要求，帮助社会体育指导员增强自我发展的动力和进步提高的能力。

第一节　不断提高社会体育指导水平

为了实现社会体育指导服务的长效化发展，就要适应我国正在建设学习型社会的时代发展背景和全民健身新发展对科学健身的进一步期待，持续不断地提高社会体育指导员的素质水平，努力建立学习型的社会体育指导员队伍。同时，还要积极构建规范的制度体系，形成持续提高社会体育指导员素质水平的有效机制。

一、不断提高社会体育指导水平的客观需求

（一）学习型社会对终身教育学习的普遍要求

学习型社会是全面建设小康社会的重要目标和内容，已成为未来社会形态重要的文化教育特征和建设中国特色社会主义现代化伟大事业的一个重要组成部分。为了满足全民终身学习的普遍化要求，政府和社会要提供和保证终身教育，以满足社会成员人生各个阶段多样化的教育需求。因此，终身教育成了学习型社会的基石。作为社会的一员，社会体育指导员不但要加入终身学习的行列，而且作为全民健身志愿服务者，还要因不断提高工作水平而更需加入终身教育的行列。

（二）全民健身的更大发展对科学健身的新期待

改革开放以来，全民健身在与竞技体育的协调发展中占据了更加主体化的地位，并在公共体育服务体系的建立中得到有力的突显，开始进入到更受重视的新阶段。推进全民健身的更大发展，要在全民健身发展的规模和质量上都有新的提高，必然会对进一步提高科学健身水平和扩大全民健身实效形成新的期待，从而对提供科学健身指导服务的社会体育指导员工作和队伍发展提出更高的要求，也对提高社会体育指导员的素质水平及加强学习教育有了更高的要求。

二、加强社会体育指导员队伍建设的迫切任务

（一）社会体育指导员队伍现状的不适应问题

我国社会体育指导员工作虽然取得了一些成绩，但目前还仍然处于初步发展的过程中。依然存在工作管理、作用发挥和指导率等方面的问题，社会体育指导员队伍的整体素质也有待提高，素质结构有待完善。通过对2009年社会体育指导员抽样调查结果和社会体育指导员管理信息系统的数据统计进行分析，社会体育指导员的学历大多在高中或中专程度，再加上高中以下的，共占到总人数的55%左右。可见，社会体育指导员队伍的文化基础在整体上还比较低，并缺乏一定的专业基础。目前在基层进行的各种社会体育指导员专业培训有一些还不够规范，无论是培训时间的掌握，还是内容与考核的把握，普遍不够严格。社会体育指导员在获得技术等级称号后，绝大多数都没有再接受相关的教育培训，社会体育指导体育健身的科学素养需要有较大幅度的提高。

（二）加快建设学习型社会体育指导员队伍

按照学习型社会的时代要求，适应全民健身事业发展的需要，必须加快建设学习型社会体育指导员队伍，将社会体育指导员队伍建设成为能够不断而且主动地获取新知、适应广大群众不断增长的科学健身需要的充满生机活力的工作力量。

作为一名学习型的社会体育指导员，应把学习从单纯的获取知识转变为生活的态度和乐趣，将被动地接受灌输转变为主动地探索未知，不断增强和巩固自己终

身学习的理念，从以下方面形成良好的终身学习习惯：一是主动学习的习惯，即要善于利用时间学习，对自己的学习行为进行控制和评价，坚持不懈地学习；二是不断探索的习惯，即要以浓厚的学习兴趣，发现问题，探寻答案；三是自我更新的习惯，即不要固守自己已有的知识和技能，应根据新的需要及时学习补充新的内容；四是交流沟通的习惯，即通过与同行或工作对象进行交流和沟通，从多方面获得学习提高的信息和资源；五是学以致用的习惯，即用理论知识指导实践，立足解决问题，并从实践需求中获取不断学习的动力。努力做学习型的社会体育指导员，应成为每个社会体育指导员的时代追求。

三、持续提高社会体育指导员水平的制度保障

（一）建立提高社会体育指导员水平的工作制度

根据社会体育指导员工作发展的需要，社会体育指导员的制度建设也在不断地完善，从过去主要立足于队伍建立到更加注重作用发挥和可持续发展，进一步充实了保障社会体育指导员水平持续提高的有关规范。《社会体育指导员管理办法》和《社会体育指导员发展规划（2011—2015年）》主要从以下三个方面对持续提高社会体育指导员的水平做出了制度性规定：

（1）在对社会体育指导员开展技术等级培训的基础上，明确提出要建立继续教育培训以及交流展示制度，并明确开展继续教育培训和交流展示活动的具体要求。

（2）明确社会体育指导员培训基地制度，要求各级体育主管部门应当在体育教育机构中批准设立社会体育指导员培训基地，进行包括继续教育培训的各种教育培训。

（3）明确建立社会体育指导员工作经费投入制度，包括事业经费预算和彩票公益金的投入。在国家每年用于全民健身工作的体育彩票公益金中，安排不低于10%的资金作为社会体育指导员工作经费。在这笔经费中，要重点保证培训经费，对社会体育指导员实行免费培训，其中包括继续教育培训。

（二）多方面提高社会体育指导员水平的制度内容

在《社会体育指导员管理办法》《全国优秀社会体育指导员评选表彰办法》

《社会体育指导员发展规划（2011—2015年）》等规章和规范性文件中，包括了从多方面提高社会体育指导员水平的内容。例如，组织和引导社会体育指导员深入基层、服务群众，在指导服务实践中得以提高；通过经费投入和物质保障，激励社会体育指导员更好地进行自我提高；深入开展社会体育指导员宣传工作，动员和引导社会体育指导员更加主动地提高自己；建立社会体育指导员表彰激励制度，更充分地调动社会体育指导员发展和提高的积极性等。

从建立学习型社会体育指导员队伍的需要出发，在这些制度内容的规定中，持续提高社会体育指导员素质水平主要采取两个方式：一是进行继续教育培训，即社会体育指导员除了要参加为了晋升技术等级称号的业务培训外，还要参加各种社会体育指导员继续教育的学习培训活动；二是在社会体育指导员之间进行相互的工作交流和经验与技能的公开展示，并要求做好工作总结、调研和规划等探索性工作。

第二节　继续教育与培训学习

社会体育指导服务的长期性决定和要求着社会体育指导员要不断地进行知识更新，以适应全民健身事业的发展变化。随着社会的发展进步，国家有关继续教育的管理规定日益明确。加强社会体育指导员的继续教育培训，应是提高社会体育指导员素质水平的一项常规性工作。社会体育指导员应当积极地参加继续教育学习活动。

一、推动社会体育指导员继续学习的意义和要求

（一）推动社会体育指导员继续学习的重要意义

目前，全民性的继续学习正在成为普遍的社会趋势，要求每一个社会成员都要适应和融入这一潮流之中。而全民健身事业发展的客观要求，特别是社会体育指导

志愿服务的自身特点，更决定了社会体育指导员必须要将不断地学习提高作为对自己的职责要求。社会体育指导志愿服务在具有公益性、无偿性、自愿性等志愿服务一般特征的同时，区别于短期性、临时性志愿服务的一个显著特征是其长期性。增进健康是一项持续的过程，体育健身活动要持续地开展，这就决定了社会体育指导必须长时间地、常年往复地、持续不断地进行。经常开展社会体育指导服务是对社会体育指导员履行职责的明确规定。

社会体育指导员所开展的指导服务的内容、所采取的工作方式方法不能是千篇一律、常年不变的老俗套，即便只是为了吸引健身群众的锻炼兴趣，也要不断地有变化、有新意。而且，低等级的社会体育指导员还要不断地晋升技术等级称号，提高自己的专业素质和水平。这些都鞭策着社会体育指导员要随着全民健身事业的发展，持续不断地学习、补充和更新知识、技能和方法，以适应健身群众的需求和指导服务工作的需要，从而使继续学习和不断提高成为广大社会体育指导员追求进步的内在动力。

（二）社会体育指导员加强学习提高的要求

加强社会体育指导员的学习提高，既是社会体育指导队伍建设的重要内容，也是社会体育指导员自我完善和自我实现的必然途径，更应成为广大社会体育指导员的一种工作使命和社会责任。首先，社会体育指导员要具有强烈的学习提高意识，有着浓厚的求知欲望和学习兴趣，将不断地学习新知作为一种长期的自我要求；其次，要努力培养自己的学习意志和学习习惯，坚定学习信心，勇于克服学习过程中出现的各种困难和阻力，并要通过不断积累和改进形成适合自己的有效的学习方法；再次，要以自学为主，进行经常性的阅读思考，通过各种书籍、报纸、杂志以及广播、电视、网络等形式学习相关知识和方法，善于捕捉各种新动向和新信息，时刻充实自己；最后，要主动积极地参加有关部门组织的各种培训教育学习。随着社会体育指导员工作的不断加强，对社会体育指导员的继续教育培训会逐渐地加强和普遍地开展起来，社会体育指导员要以认真积极的态度，服从有关活动要求，通过参加各种培训教育活动更好地提高自身素质。

二、做好社会体育指导员的继续教育培训工作

（一）国家对加强和规范继续教育的有关规定

改革开放以来，我国在加强成人教育工作的基础上，逐步展开了继续教育培训工作，并不断完善相关制度和法律法规政策。1987年，国家有关部委出台了专门针对在职专业技术人员和管理人员的《关于开展大学后继续教育的暂行规定》。1993年，中共中央国务院发布的《中国教育改革和发展纲要》第一个使用终身教育的概念，将继续教育与基础教育、职业技术教育、高等教育一起作为我国教育结构的四大组成部分。2010年，国务院颁布的《国家中长期教育改革和发展规划纲要》专章对继续教育做出部署，特别强调继续教育是面向学校教育之后所有社会成员的教育活动，是终身学习体系的重要组成部分，更新观念，加大投入，以加强人力资源能力建设为核心，建立健全继续教育体制机制，构建灵活开放的终身教育体系，加快发展继续教育。我国已经形成了各个领域、各个行业的多样化继续教育制度体系。

（二）开展社会体育指导员继续教育培训的内容和方式

开展获得技术等级称号的社会体育指导员继续教育培训，与为获得技术等级称号的应知应会资格培训有所不同，目的是为了拓宽社会体育指导员的视野，进一步补充和完善其知识结构。其基本内容主要包括：全民健身事业和社会体育指导工作的发展形势与当前任务；国家和地方与社会体育指导工作相关的主要政策法规；科学健身发展的新趋势、新动向；体育健身项目和锻炼手段的新内容、新技能、新方法；社会体育指导志愿服务的先进事迹与经验等。

社会体育指导员继续教育培训的主要方式包括：体育主管部门和承担社会体育指导员管理工作的有关组织，应当每年举办一次以上社会体育指导员继续培训；鼓励单项体育协会、行业体协等社会组织承担社会体育指导员继续培训工作；将社会体育指导员集中参加的统一培训和组织培训师资到基层组织分散培训相结合；采用传统的当面讲授与通过各种传媒技术开展网络培训、远程培训相结合等。

第三节 交流展示与总结探索

要提高社会体育指导员的素质水平还应采取广大社会体育指导员更加主动参与的实践方式，组织开展各种全国性和地方性的社会体育指导员交流展示活动，并要求和指导社会体育指导员不断地进行总结探索。通过各种交流展示和总结探索的能动参与，使广大社会体育指导员在自我教育的过程中提高自身的素质水平。

一、交流展示与总结探索对提高社会体育指导员水平的作用

（一）社会体育指导员交流展示和总结探索活动的开展

社会体育指导员的交流展示是社会体育指导员实践参与、在社会体育指导员之间或有他人参加的有关社会体育指导服务知识、技能、才艺、经验等方面的汇报交流和表演展示；总结探索活动是根据职责要求和工作需要，社会体育指导员对指导服务工作进行做法与经验等方面的总结，以及对未来工作发展所做的思考、研究和探索。

为了推动社会体育指导员交流展示工作的开展，2005年，国家体育总局在上海首次举办了“国家级社会体育指导员交流会”，各地社会体育指导员代表进行了如何做好社会体育指导员工作的经验和做法交流。其后又逐年举办了全国社会体育指导员的实践考察、发展成果和健身技能展示等活动，产生了很好的反响和效果。江苏、北京、上海、天津等很多地方也纷纷举办了各种形式的社会体育指导员健身经验与技能的交流展示活动。

按照原《社会体育指导员技术等级制度》中对二级及其以上等级的社会体育指导员要能够进行指导工作计划、总结的要求和对一级、国家级社会体育指导员能够进行工作研究的有关要求，并根据开展社会体育指导服务的实际需要，许多社会体育指导员还撰写了有关社会体育指导服务的总结报告、工作规划、调研报告、工作建议，有的还发表了有关社会体育指导的研究性文章，积累了大量对社会体育指导

工作进行总结和探索的文字成果。

（二）充分发挥交流展示和总结探索的积极作用

社会体育指导员在有关的交流展示和总结探索活动中，不同于在教育培训活动中主要是作为教育培训对象的受教育培训者，而是作为活动过程中的主体。社会体育指导员通过自己的言行并按照一定的会展活动方式，对自己从事社会体育指导服务的做法、体会、经验、技能、才艺、方法等进行广泛的交流和充分的展示；通过自己的思考并亲自动手，撰写总结报告、工作规划、调研报告、工作建议和研究文章等，来总结工作经验、探讨发展规律、分析各种新情况新问题，都需要社会体育指导员亲历而为，从而使社会体育指导员在实践这些活动的过程中，实现对社会体育指导服务工作更深层次的理解、把握和更富创造的探索，不断实现科学理性的认识飞跃，从而达到一种自我教育和主动提高的效果。

二、开展社会体育指导员交流展示活动的方法和要求

（一）进一步开展交流展示活动的措施和方法

根据有关法规和规范性文件的规定以及现有的实践做法，进一步开展社会体育指导员的交流展示活动应主要采取以下一些措施和方法：

（1）将开展社会体育指导员的交流展示活动，明确规定为各级体育主管部门以及承担社会体育指导员工作管理职责的有关体育组织的重要工作职责，这些部门和组织负有开展这一工作的法定职责，应当进行必要的工作计划和安排，并要有保证具体落实的措施和方法。

（2）对社会体育指导员的交流展示活动明确提出定期开展的时限要求。国家级社会体育指导员层次开展的交流展示活动，可以像继续教育培训那样每年组织一次以上。各地也应尽量创造条件，力争每年组织一次。

（3）社会体育指导员交流展示活动的内容可包括社会体育指导服务经验和做法的交流、对社会体育指导和其他相关活动进行观摩和考察、社会体育指导员健身技能、才艺以及健身指导方法的展示与表演等多个方面。

（4）广泛开辟各种社会体育指导员的交流渠道，开展各地区、各单位之间的交流和展示活动，通过交流展示活动推广和学习各地区、各单位开展社会体育指导服务的有益经验和做法。积极创造各种条件，加强同国外社会体育指导员和体育志愿服务活动的联系与交流，进一步开阔视野，学习和借鉴其他国家的有益经验。

（5）要将社会体育指导员通过交流展示的学习提高活动与有关表彰活动结合起来，为做出一定成绩的社会体育指导员提供展示风采的平台，吸引和激励广大社会体育指导员积极参加到交流展示活动中来，扩大交流展示活动的效果和影响。

（二）对参加交流展示活动的有关要求

在全国各地社会体育指导员队伍建设逐渐加强的过程中，这种交流展示活动已经越来越多地开展起来，而且会呈现出经常化、多样化的发展特点。广大社会体育指导员应当执行《社会体育指导员管理办法》的规定和有关部门、组织的工作要求，积极支持和参加社会体育指导员的交流展示活动。具体做法如下：

（1）要正确认识和理解开展社会体育指导员交流展示活动的意义和作用，将参加交流展示活动作为需要承担的义务，以主人翁的姿态，自觉地参加好各种社会体育指导员交流展示活动。

（2）在参加交流展示的过程中，要真诚、热情地将自己从事社会体育指导服务的技能、才艺、方法、体会、看法、经验等毫无保留地展现出来，在接受评价的反馈过程中得到学习和提高。

（3）社会体育指导员所交流展示的不仅仅是开展社会体育指导服务的专业技能和业务经验，而且要展示社会体育指导志愿服务的道德境界和精神面貌，展示交流社会体育指导员的宝贵风采。

（4）社会体育指导员要在相互的交流展示中，虚心向其他社会体育指导员学习，主动沟通求教，善于捕捉交流展示活动过程中一切有用的信息，努力扩大自己的学习收益。

（5）在参加交流展示活动时，要服从活动组织者的各种管理规则和纪律要求，主动维护交流展示活动的大局和秩序，尊重对方，遵守纪律，举止文明。

（6）善于根据自己的需要和特点，结合社会体育指导工作的实际，及时地消化和转化在交流展示活动中的学习收获，有效地促进自己素质水平的提高。

三、社会体育指导员做好总结探索的方法和要求

（一）进一步开展总结探索活动的措施和方法

在新的《社会体育指导员管理办法》中，仍然保留了对二级及其以上等级社会体育指导员要能够承担组织“全民健身活动的计划、实施和总结工作”的条件规定，对国家级社会体育指导员提出了“能够撰写有关全民健身工作或调研报告”的条件规定。根据有关法规的规定，开展总结探索活动的主要措施和方法如下：

（1）要明确能够开展各种计划、总结、调研等总结探索活动，是部分社会体育指导员应当达到相应技术等级的条件标准，是这些社会体育指导员应当具备的素质能力和应完成的工作职责，社会体育指导员要按规定做到、做好。

（2）要引导社会体育指导员深刻理解开展总结探索活动对自身发展的重要意义，提高进行计划、总结、调查、研究的主动性和积极性，树立开展社会体育指导工作的科学态度，增强科学思维的能力和水平。

（3）要根据开展全民健身活动和社会体育指导工作的实际，向有关社会体育指导员提出进行计划、总结、调查、研究等方面的任务要求，必要时可以设定专门的工作项目，加强对社会体育指导员的实践锻炼和培养提高。

（4）要开展做好计划、总结、调查、研究等工作的业务培训、方法介绍和具体指导，有针对性地解决在开展这些工作中所出现的各种问题，开展社会体育指导员完成计划、总结、调查、研究等工作成果的交流与评价，提高这方面的素质能力。

（5）要建立激励机制和激励体系，充分肯定和表彰奖励在总结探索工作中富有创意和做出成绩的社会体育指导员，巩固和扩展总结探索的工作成果。

（二）对做好总结探索工作的有关要求

对社会体育指导员做好总结探索工作的有关要求主要有以下几方面：

（1）广大社会体育指导员要根据开展总结探索工作的导向，根据实际情况要

求自己，努力提高自己的理性思维和文件撰写能力，更加全面地适应社会体育指导服务工作的各方面需要。

（2）努力培养善于动脑思考的习惯，提高观察分析和研究探讨问题的意识，紧密结合自己从事社会体育指导服务实践进行总结探索的锻炼，注意对日常社会体育指导行为的自我梳理。

（3）了解和掌握有关计划、总结、调查、研究等工作的科学内涵，学习开展这些工作及撰写相关报告的有关知识和方法，将自学、参加培训教育和与他人交流及请教他人结合起来。

（4）要根据条件，主动争取和积极承担有关部门和组织安排的总结、调研、考察、规划等方面的工作任务，或有意识地在自己的指导服务过程中进行专题调研，较为深入系统地做好一项或几项这方面的工作，更好地锻炼自己和提高自己的业务水平。

[思考题]

①——为什么要对社会体育指导员提出学习提高的要求？社会体育指导员应怎样适应学习型社会的发展？②——对社会体育指导员的继续教育培训主要有哪些内容和方式？③——社会体育指导员怎样通过交流展示来促进自己的提高？④——社会体育指导员参加总结探索活动的方法和要求是什么？

第三章　体育健身与健康生活方式

本章导读——　生活方式是指人们在某种价值观念指导下，各种生活活动的形式。它包括人们的物质生活、精神生活、政治生活和社会生活。它与社会体育有着密切的关系，互相促进。在社会转型期，我国人民的生活方式正在发生急剧的变化，向社会体育提出了许多新的要求。健身运动、消遣娱乐是防治亚健康状态的一种最积极、最有效、最廉价的手段。社会体育对改善人们的生活方式和提高人们的生活质量有着至关重要的作用。

第一节　健康生活方式的内涵

生活方式是人们越来越关心的问题，因为它是社会整体结构及其运行状况具体而生动的反映形式，对它的研究有助于人们了解社会运行的规律和自身的生活状态。健康生活方式是指有益于健康的、习惯化的行为方式。体育健身有助于人们建立起健康的生活方式。

一、生活方式的概念

生活方式是指人们在某种价值观念指导下，各种生活活动的形式。它包括人们的物质生活、精神生活、政治生活和社会生活。生活活动是指人们的行为，即在一定的空间与时间中，人们为了达到一定的目的，利用可以取得的物质条件和社会条件而采取的种种行动（包括为了与别人配合行动而必不可少的语言）。因此，生活方式是个人或群体在生产实践活动过程中，长期共同在特定生活环境中形成的全部活动模式。

生活方式是人类活动的一项重要内容和形式。生活方式是一个内容丰富、层次复杂、形式多样、内在联系密切的领域，因此，它是社会科学研究的重要范畴。生活方式又可以分为劳动生活方式、学习生活方式、家庭生活方式、消费生活方式和闲暇生活方式等类别。其中，与社会体育关系较大的是家庭生活方式、休闲生活方式和消费生活方式。

二、影响生活方式的因素

（一）自然地理环境

人们所赖以生存的自然地理环境给人们提供了基本的生产资料和生活资料，绝大多数人不可能超越这些基本条件去构筑生活方式。因此，我们可以看到在同一个地区人们的生活方式是大同小异的。

（二）生产方式

生产方式是人们决定采用何种生活方式的基本前提。人们的生产活动创造的生活活动的基本条件，为人类提供了最基本的、简单的生活模式，即吃饭、工作、休息，这是生活方式的共性。而生产方式的不同造成了人们生活方式的差异。体力劳动者与脑力劳动者的生活方式迥异；游牧民族形成了以食肉为主的膳食结构，农耕民族则长期以米麦粮黍为主要食品；而同是农耕的人们，稻作生产方式与麦作生产方式所造成的生活方式也不尽相同。

（三）社会制度

不同的社会性质形成了不同的人际关系，奴隶社会的奴役与被奴役的关系，封建社会的人身依附关系，资本主义的雇佣关系等都形成了一个历史时期的典型的生活方式。在我国自然经济、计划经济和市场经济条件下，人们的生活方式都有显著的差异。

（四）经济发展水平

经济发展水平决定了家庭的收入水平，也就确定了人们的生活水平。生活水平是生活方式的一个重要的评价指标。生活水平是指在某一社会生产发展阶段中，居民用以满足物质和文化生活需要的社会产品和劳务的消费程度。经济状况不同的国家，其国民消费方式也不同。我们常常用恩格尔系数来判断国家、家庭和个人的富裕程度。

（五）文化传统

民族文化传统对生活方式产生着久远的影响。文化传统使世界各国各民族的生活方式呈多样化的格局，使生活方式的个性更加突出，因而出现了不同的生活风格。不同的文化背景使人们的情趣、爱好、价值取向不同，因而其生活习惯、风度、气质也会有所差异，这些都会影响到生活方式。

总而言之，不同的自然社会环境和历史文化传统会使生活方式发生千姿百态的变化，长期共同在一个特定环境中生活的人群会形成特定的生活方式。

三、生活方式中影响社会体育的几个要素

（一）余暇时间

人们一般用时间来度量生存活动的过程。按照一昼夜的生存活动周期，可以把人一天的全部时间支出分为工作（学习）时间和业余时间。工作（学习）时间是为创造社会生活所需的物质和精神条件所必需的那一部分时间。业余时间的组成比较复杂，不等于余暇时间。它包括了与工作有关联的时间（如上下班路途往返的时间）、满足生理需要（睡眠、吃饭）的时间、家务劳动时间和余暇时间。

余暇时间亦称自由时间，指在一昼夜的全部时间结构里划出一切必要时间后所剩余的那部分个人“可以自由支配的时间”。这部分时间不能直接被生产劳动所占用，而是用于娱乐和休息的，然而这部分时间在人类创造精神文明方面起着重要的作用。余暇时间的长短和支配余暇时间的质量直接影响到人们的生活方式。余暇时间也是人们直接参加社会体育活动的首要条件。

（二）生活节奏

人类社会是一个有意识的物质有机体。随着人类开发自然界的广度和深度的不断发展，人类社会的外部环境的日益“人化”，社会自身结构更加复杂和多样，社会运动的时间节奏越来越充分地展现出由慢到快的变化趋势。生活节奏加快是人们获得越来越多余暇时间必定要付出的代价，生活节奏加快的积极意义在于提高了生

命的效率，使尽可能多的社会成员经过高速的协调配合，能为社会创造出更多的物质财富和精神财富。生活在快节奏环境里的人会精神振奋、生活充实、朝气蓬勃。然而，生活节奏的加快也确实会给不适者带来许多健康方面的麻烦，应该引起人们的重视。社会体育是人们顺应生活节奏变化，调节因生活节奏加快造成的种种身心不适的重要手段。

（三）生活空间

在现实生活中，每个人、每个家庭都有一个属于自己的生活空间。生活空间是人们生活方式不可忽视的一个要素，也是人们生活质量提高的重要前提。当人们的生活空间过于狭窄时，人们就会感觉拥挤。空间狭小也是人最不堪忍受的，当人们生活在一个窄小的空间里就会有封闭感、惩罚感。所以人类社会常常用缩小活动空间的方式（关监狱、蹲班房等）来对犯罪者实行惩罚。然而，生活空间过大，也同样不易适应，人们会感到空旷、孤独、失去自由。所以生活空间必须适度。

（四）生活消费

生活消费是指使用物质资料以满足人们的物质生活和文化生活需要。消费是人的本性。人类要想生存、享受和发展就必须合理地进行生活消费。消费是社会再生产过程中的一个环节，是人们生存和恢复劳动力必不可少的条件。消费由消费水平、消费结构、消费爱好、消费方式、消费倾向等部分构成。与社会体育关系最大的是人们的消费水平、消费结构和消费爱好。

消费水平是指家庭占有社会产品和劳务的多少。它与家庭的人均收入和总收入有关，也与物价水平有关。消费水平直接关系到人们对体育的投入，因此决定了国家、地区和家庭社会体育的规模和程度。

消费结构与社会体育的关系极为密切。所谓消费结构，是指人们在消费过程中所消费的不同类型的消费资料的比例关系。体育在消费结构中的地位不仅取决于消费水平，而且与人们的体育价值观念和体育态度有关。

（五）行为习惯

人们的行为习惯是生活方式的重要组成部分，也是生活方式的外部体现。人们的行为习惯有优劣之分。良好的行为习惯能促进人的身体健康，有利于人们对体育的参与；不良的行为习惯会降低人的健康水平，抑制人们参与体育活动。美国每年有200万人死于不健康的生活方式，主要表现为酗酒、吸烟、吸毒、生活无规律、营养失控、体育运动不足等。

四、中国城乡居民急剧变化中的生活方式

（一）城乡居民收入和消费水平快速增长

在过去30余年中，我国城镇居民收入水平几乎每隔几年就会上一个台阶。到2010年，我国城镇居民的人均可支配收入比1978年增长了55倍。由此，城镇居民的消费水平也发生了巨大变化，从1978年到2010年增长了33.3倍。农村居民人均生活消费支出也增长到4382元，年均增长率达到11.4%。扣除价格因素，城乡居民生活的实际消费支出增长率也大大超过世界的平均水平。

（二）城乡居民消费结构发生重大变化

城镇居民的恩格尔系数逐年下降，在30多年中由1978年的57.5%下降到2010年的39.76%。说明居民食品消费支出大大下降，标志着我国城市居民的生活水平已经达到国际公认的中等生活水平，也是城镇居民生活水平从温饱向小康迈进的重要标志。在此期间，城乡居民消费结构向发展型和享受型方向转变。一是食品支出比重持续下降。2010年，城乡居民人均消费性支出中食品的比重分别为35.7%和41.1%，分别比2005年降低了1.0个百分点和4.4个百分点。二是交通和通讯支出大幅增加。2010年，城镇居民人均用于交通和通讯的支出为1984元，比2005年增长99.0%，年均增长14.8%；农村居民人均用于交通和通讯的支出为461元，比2005年增长88.2%，年均增长13.5%。三是主要耐用消费品拥有量成倍增长。2010年年底，城镇居民家庭平均每百户拥有家用汽车13.1辆，比2005年年底增长2.9倍；拥有移动电话188.9部，增长37.9%；拥有家用电脑71.2台，增长71.6%；农村居民家庭平均每百户拥有电冰箱45.2台，增长1.1倍；拥有移动电话136.5部，增长1.3倍；拥有家用计算机10.4台，增长3.2倍。2010年，全国电话普及率达到每百人86.5部，比2005年提高51.2%。

与人们的健康关系较大的食物消费也发生了重大的变化。“十一五”期间，我国肉、蛋、奶供给总量和质量都有了明显提高。2010年，肉类、禽蛋、牛奶产量分别达到7925万吨、2765万吨、3570万吨，比2005年分别增长14.2%、13.4%、29.7%。目前，我国人均肉类占有量超过世界平均水平。

改革开放30多年来，我国城乡居民的居住条件和生活环境也发生了翻天覆地的变化。城镇居民人均住房面积从1978年的6.7平方米，增长到2010年的30平方米，增长了4倍多。同时，住房质量、住房成套率、配套设施与环境大为改观。绝大多数城镇居民的住房条件均得到明显改善，平均每10户就至少有8户乔迁过新居；乔迁过两次新居的家庭也占很高的比重，在每10户中就有将近3户；有些家庭还乔迁过3次或更多次，这些家庭约占总数的10%。1985年，每100户城镇居民拥有电冰箱6.6台，1999年达到了78台。目前，使用空调的家庭已经达到37.1%。

城镇居民的交通条件也发生了巨大的变化。自行车迅速增加的同时，各种机动车增长速度也很快，1985年，我国私人小轿车的拥有量为28.49万辆，1999年就激增到533.88万辆，到2010年迅速增长到3443万辆。与20年前相比，乘出租汽车上班者增加了近百倍。

（三）居民获取信息的方式发生了巨大变化

到2010年底，全国固定电话用户由新中国成立初期的21.8万户增加到29438万户。其中，城市电话用户19662万户，农村电话用户9776万户。新增移动电话用户11179万户，移动电话用户数由1988年末的0.3万户增加至2010年末的85900万户。电话普及率达到每百人86.5部。互联网上网人数从1997年的62万人增加到4.57亿人，其中宽带上网人数为4.50亿人；互联网普及率达到34.3%。

30年前，我国居民获取信息的基本方式大致分为3种，即报刊、收音机和电视机，比重分别为52.98%、61.45%和16.24%，以报刊和收音机为主。寻呼机、车载收音机和因特网等新式信息传播方式几乎没有。而到了1998年，现代化的电视媒体传播方式所占比例从第三位上升到第一位，比20年前增长了402.17%。1980年，城镇居民每百户拥有电视机为57.54台，1998年为111.57台，到2020年达到120.52台。而人们购买电视机的动机发生了较大的变化，用于休闲娱乐的比例由1980年的49.08%

上升到81.53%。

（四）城镇居民的业余文化生活呈现多元化趋势

随着我国经济从劳动生产型经济方式向休闲生活型经济方式的转变，从温饱型向小康型消费的转变，城乡居民的业余生活越来越多样化。人们在满足了生活的最基本需求后，更加注重文化娱乐消费。近几年，在城镇居民收入不断提高，居民教育文化娱乐服务等方面的消费支出占生活消费支出的比重均呈增长趋势，到2010年，全国教育文化娱乐服务支出占消费性支出的比例达到14%。

1978年以前，大部分家庭利用工休时间干家务和辅导孩子，而30多年后的今天，城镇居民家庭利用双休日购物、娱乐休闲、旅游、走亲访友、读书看报和休息的比例均有不同程度的上升。其中，购物和娱乐休闲的家庭比重增长幅度最大，分别为87个百分点和62个百分点，已成为双休日城镇居民最主要的活动。在老年家庭中，利用双休日娱乐休闲和旅游的比重比30年前上升了180个百分点和133个百分点。在中青年家庭中，利用双休日辅导孩子、购物和从事第二职业的比重上升幅度分别高达427个百分点、130个百分点和171个百分点。而所有被调查家庭中利用双休日干家务和辅导孩子的家庭比重有所下降。

（五）余暇时间延长，生活空间加大

改革开放以前，城镇居民被繁重的家务劳动占据了大量的时间，再加上家庭经济条件的限制和文娱设施不足及旅游不便等因素的制约，城镇居民的业余文化生活十分单调。改革开放以后，随着城镇生活质量的提高，文化设施建设的不断完善，特别是全国城镇实行5天工作制以后，在紧张的工作之余，人们有了条件、精力和更多可支配的闲暇时间参与各式各样的文娱活动。我国职工在20世纪90年代从每周48小时工作制过渡到每周40小时工作制。现在我国的每个职工平均每天的工作时间仅为5小时20多分钟。人们一方面得到了技术社会提供的丰富的物质享受，另一方面得到了越来越充裕的时间恩惠。根据《国务院关于修改〈全国年节及纪念日放假办法〉的决定》，自2008年起对“全体公民放假的节日”进行调整，清明、端午、中秋各放假一天，这样法定节假日达到11天，加上104天的休息日，每年不需工作的法定时间达到115天。

由于国家交通、旅游事业的迅速发展，居民的生活空间也迅速扩大，人们从过去20公里的活动半径，迅速增加到半径为几百公里、上千公里的国内旅游，以至上万公里的洲际、环球旅行。

五、生活方式转变所引发的健康问题

（一）生活节奏的加快引起的种种困扰

生活节奏加快在给社会成员带来好处的同时，也确实会给不适者带来许多健康方面的麻烦。对于整个社会来说，生活节奏加快具有不可逆转的性质，人们在退出一定的生产方式和生活方式之前，必须强制性地接受社会生活节奏，并与之同步。因此，尽管快节奏生活有悖于人的一些生理习惯，但他们也必须与之相适应。快节奏生活给人们造成的抵触、恐惧、怨烦、焦虑、紧张等心理障碍，使社会成员的各种心理疾病迅速攀升。如何通过社会体育这个减压器和缓冲器来减轻人们的压力，具有非常重要的现实意义。

（二）疾病谱、死亡谱的变化证明了文明病的蔓延

由于生活方式的变化，特别是膳食结构的变化，以及人们体力支出的减少，我国城镇居民的疾病死亡原因发生了本质的变化，从20世纪五六十年代的营养性疾病、新生儿疾病、传染病、呼吸系统疾病转为90年代的恶性肿瘤、心脑血管疾病、心脏病等文明病，而且这些疾病正在向低龄化、普遍化方向发展，不得不引起人们的警惕。

六、健康的生活方式

健康生活方式是指有益于健康的、习惯化的行为方式。主要表现为生活有规律，没有不良嗜好，讲究个人卫生、环境卫生、饮食卫生，讲科学、不迷信，平时注意保健，生病后及时就医，积极参加文体活动和社会活动，热爱生活，关心他人等。

健康生活方式主要包括合理膳食、适宜运动、戒烟限酒、心理平衡、建立良好的人际关系五个方面。

（一）合理膳食

合理膳食是指能提供全面、均衡营养的膳食。食物多样才能满足人体各种营养需求，达到合理营养和促进健康的目的。《中国居民膳食指南》可为人们合理膳食提供权威的指导。

（二）适宜运动

适宜运动是指运动方式和运动量适合个人的身体状况，动则有益，贵在坚持。运动应适度，量力而行，选择适合自己的运动方式、强度和运动量。健康人可以根据运动时的心率来控制运动强度，一般为每分钟150~170减去年龄为宜，每周至少运动3次。

（三）戒烟限酒

吸烟者必须戒烟，不论吸烟史有多久，都必须戒烟。戒烟越早越好，任何时候戒烟对身体都有好处，都能够提高生活质量，很多国家和地区正在采取种种措施，加大禁烟力度。过量饮酒会增加患某些疾病的风险，并可导致交通事故及暴力事件的增加。成年男性一天饮用的酒精量不得超过25克，女性不得超过15克。

（四）心理平衡

心理平衡是指一种良好的心理状态，即能够恰当地评价自己、应对日常生活中的压力、有效率地工作和学习、对家庭和社会有所贡献的良好状态。乐观、开朗、豁达的生活态度，将目标定在自己能力所及的范围内，建立良好的人际关系，积极参加社会活动等，均有助于个体保持自身的心理平衡状态。

（五）建立良好的人际关系

在人们的日常生活中，每个人都会与周围的人打交道，因此人际关系直接关系到人们的生活方式和生活质量。人们在工作中要善于与同事沟通，在家庭里要与其他成员和谐相处，在社会上要怀着理解、宽容、感恩的心理和乐于助人的心态，并积极参加各种社会活动和公益活动。

七、亚健康成为社会普遍的健康问题

亚健康是一种自感不爽，检查无病的，介于疾病与健康之间的一种身心状态。也称为第三健康状态、灰色健康、亚临床期、临床前期、前病期等。据世界卫生组织的一项全球调查显示，全世界真正健康的人仅占5%，被诊断为有病的人也只占20%，而75%的人处于亚健康状态。近年来，处于亚健康状态的人群有逐年增加的趋势。其症状主要有：食欲不振、疲乏无力、失眠多梦、烦躁、易发怒、健忘、胸闷、心悸、头疼、头晕、反应迟钝、注意力不集中、记忆力下降、思维和想象能力降低、偏执、消极悲观、情绪低沉、犹豫不决、容易沾染坏习惯等。现代生活综合征、双休日综合征、空调综合征、大楼综合征等形形色色的与现代生活有关的病症都属于此列。

引起亚健康的主要原因是多方面的，主要包括以下几方面：

（一）营养过剩

任何一个家庭、一个城市、一个国家一旦富裕起来，必然要增加动物蛋白和动物脂肪的消耗。在美国每年每人消耗的食物总量为1463磅，其中脂肪含量高达42%，动物蛋白摄取量占蛋白摄取量的80%。20世纪60年代后的日本如此，70年代后的亚洲四小龙如此，80年代后的中国也不例外，由此引起了肥胖症在各国内大范围流行。在美国，约有55%的成年人过胖，23%的成年人超重，俄罗斯、英国、德国也有类似的现象。20世纪90年代，美国为治疗肥胖导致的疾病耗费了1180亿美元，远远高于吸烟导致的医疗支出（470亿美元）。美国医学会杂志在1999年10月称，肥胖已经成为美国的一种流行病，平均每年约有30万人死于与肥胖有关的疾病。

2002年中国营养和健康调查数据显示，14.7%的中国人体重超标，2.6%的中国人属于肥胖。这与美国和英国比起来还有相当大的距离，这两国的体重超标比例分别占到总人口的近2/3和1/2。中国的肥胖症患者可能已超过7000万人。在上海等大城市，近1/3的成人体重超重，成为肥胖症的高发区。2010年，中国高血压患者的人数已超过2亿，每年还在以1000万的人数继续增加。而且，高血压不再是中老年人的“专利”，30岁以下的人高血压的患病率也已达到10%，上升的趋势远远高于老年人。有统计显示，在中国每年死亡的300万心血管病患者中，50%都与高血压有关。我国糖尿病患者人数居全球之冠，已达到9240万人。

（二）运动不足

在低机械化时代，人们的体力支出与脑力支出之比为9∶1，到中等机械化时代转变为6∶4，在全盘自动化时代则倒置为1∶9。长时间伏案的静态工作已经成为部分社会成员的基本活动方式。坐姿所造成的“运动不足”和“肌肉饥饿”正逐渐影响着人们的身体健康，已经成为普遍的社会问题。在与自然疏远的过程中，人们得到了许多物质财富与精神财富，但也丧失了很多宝贵的东西。其中，丧失得最多的是机体的运动，或者更明确地说，就是人缺乏运动。人体运动能力减弱，是由于受机器的奴役和放弃了本身的努力。于是许多人就丧失了许多生产技能或生活技能，同时还丧失了协调、灵敏、力量、平衡等许多必备的素质，以及许多对外界的适应能力，如遇到水患、火灾、意外事故时的自救能力等。

（三）高度紧张

人们的生产劳动方式是造成“紧张”的一个重要原因之一。众所周知，体力劳动时代是劳动强度时代，对劳动者造成的疲劳是全身性的，疲劳的部位主要集中在四肢，恢复的方式主要是良好的睡眠。而机械化时代是劳动密度时代，严格的社会分工造成的疲劳则是局部疲劳，疲劳的部位开始由过去的四肢转向大脑，而且往往会导致睡眠障碍，不仅不易恢复，还会形成局部疲劳的积蓄，从而影响健康。日益紧张的生活环境和愈演愈烈的竞争环境迫使人们付出更大的健康代价以适应生存的需要。精神高度紧张是现代社会的特征之一。工业化社会的快节奏工作、复杂的社会关系、多重社会角色和激烈的社会竞争使人们经常处于应激状态，不良的精神能量不断积累，神经系统的长期紧张、吸烟、喝酒等导致行为失常、神经衰弱，以致精神病例不断增加。据日本厚生劳动省做的一项调查显示，57%的人“在车间里感到孤独”，77%的人“不喜欢自己所从事的工作”，71.3%的人认为“不能充分发挥自己的能力”，87.7%的人“感到精神疲劳”。在日本丰田汽车公司有65%的工人感到劳动强度过大，19.4%的工人在第二天上班时未能消除前一天的疲劳。在现代社会，紧张的生活节奏造成的心理障碍已成为一个重要的社会问题。进入信息化劳动时代后，生产劳动对人的疲劳的影响则进一步转向了高级神经系统，使劳动者的健康状况发生着更为深刻的变化。由于过于紧张的商业竞争和过于强烈的责任感，使日本相当比例的中年人由于过度紧张而猝死，这一现象需要引起人们的高度重视。

“紧张”的出现与人们的社会关系、生活状态也有着密切的关系，如配偶死亡、离异、分居、近亲死亡、亲友逝世、家人外出工作或失业、子女入学或事业、婚姻、习惯的改变、自己发生意外事故或生病、家人生病、怀孕、性生活困扰、性倒错、夫妻吵架、姻亲关系的麻烦、子女离家，以及辞职、解雇、调职、工作上的新责任分配、财务状况改变、家族成员增加、公司之间的纠纷、上班时间和劳动条件改变、搬家、转学、休假时间变更、朋友之间关系的变化、睡觉习惯的改变、外出旅行、饮食习惯改变、债务纠纷等。

紧张情绪可以诱发各种身心疾病。紧张可导致偏头疼、便秘、腹泻、溃疡性结肠炎、月经失调、阳痿、糖尿病、癌症、高血压、心脏病，以及神经过敏、神经衰弱、精神分裂、狂躁忧郁等精神性疾病。

第二节　体育健身与健康生活方式的建立

体育健身对改善人们的生活方式、戒除不良生活习惯，具有不可替代的作用，同时对提高人们生活质量，增强幸福感、满足感和愉悦感，也具有重要的意义。

一、体育健身对改善生活方式的作用

（一）不良生活方式造成的社会亚健康状态需要引起高度重视

20世纪60年代后期以来，许多国家国民医疗保健费用急剧增长，成为亟待解决的社会问题。一是因为传统的医疗对心血管疾病、脑血管疾病和癌症缺乏卓有成效

的手段，而诊断、治疗、康复的费用越来越高，让人难以承受；二是因为进入老年社会后，老年人口年复一年增加，传统的医学手段对由衰老引起的各种疾病的疗效也极为有限；三是不合理的生活方式引发的多为慢性病，耗资巨大，而医疗效果不佳。

人口老化首先出现在西欧工业化国家，继而扩展到几乎所有发达国家。在不少发展中国家，人口老化的现象也日趋严重。美国在1965年老年人口仅为全国人口的4%，在短短的15年内增至11%，而且在老年人口中有40%为75岁以上的高龄老人。据美国国家健康统计中心1989年报告，到2030年，美国因老年龄化每年看病的人次要递增318万，医疗开支高达1050亿美元。以美国为例，从1970年到1994年全国用于健康的费用就增长了13.4倍，2000年的医疗费用在国民生产总值的比例达到20%。加拿大的医疗开支从20世纪60年代后和70年代初开始，以每年13%的增长率上升，比其经济增长率快50%，从1972年到1982年的10年内，医疗费用增加了3倍。截至2010年11月1日，我国大陆60岁及以上的人口占总人口的13.26%，总数约1.79亿；65岁及以上的老年人占总人口的比例为8.87%，绝对数接近1.2亿①。中国老年人数量大、平均寿命长、健康余年短、疾病余年长、医疗费用难以承受等状况，使老年人对体育的自我重视程度越来越高，社会对老年人的这种最廉价的健康维护系统也给予了较高的重视②。

目前，采用包括体育在内的各种手段来控制急剧增长的医疗费用，已成为许多国家政府介入社会体育，并积极促进大众体育发展的一个重要动因。

（二）社会体育对改变亚健康状态的积极作用

为了根治各种由于生活方式造成的社会疾病不得不把体育运动纳入医学的内容构成。因为体育运动是对人们整个生活方式起着调节作用的成分，它调节并改善着人们由于饮食、营养、体重、作息等方面长期不合理的积习所造成的生活方面的健康效应。解决人们身心健康问题的最好办法就是动员他们参与体育运动。而健身运动、消遣娱乐恰恰是调整亚健康状态最积极、最有效的手段，而且是最方便、最廉

①马建堂解读中国第六次全国人口普查［DB/OL］，国家统计局，http://www.stats.gov.cn/tjdt/gjtjjdt/t20110429_402722652.html.

②卢元镇．体育社会学［M］．北京：高等教育出版社，2001:223.

价的手段。在许多大学的健康和体育系统中，出现了“生活方式与身体健康”的自我评价系统，受到人们的广泛重视。体育运动进入人们的生活方式造就了科学、健康、文明的生活方式。是否采纳体育生活方式与人的生命质量关系密切，与人们的生理、心理、社会健康休戚相关。通过愉快、自由地享受体育生活可以发展人类的身体智力和认识能力，可以轻松愉快地与人、社会和大自然产生沟通和交流，使你拥有健全的人格，体验人生的幸福完美。选择体育生活方式就意味着享有了体育的基本权利。

社会体育对于生活方式的影响和作用突出表现在以下几方面：

（1）体育可以提高人的劳动素质，培养和造就全面发展的人格。体育作为恢复人的本质与体现人的价值的生活活动及社会实践，意味着是一种人性的解放。

（2）体育能使人的生理机能、身体素质、劳动能力、生活能力处于最佳状态，是人们消除身心疲劳、紧张、焦虑，保证健康、快乐生活的积极、有效手段。

（3）体育是戒除各种不良嗜好、改善不良生活方式的有力措施，有规律地进行体育锻炼可提高人的免疫力，防止各种慢性疾病以及非传染性疾病的发生。

二、社会体育对提高生活质量的作用

我们经常将“改善生活方式”和“提高生活质量”两句话连起来说。其实细究起来，这两句话的含义是有差异的。生活方式是可以选择的，于是生活方式就因人的好恶有了差异。例如，有人喜欢优裕型的生活方式，有人崇尚节俭型的生活方式；有人热衷流动型的生活方式，而有的就习惯定居的生活方式。然而，人们在选择生活方式的时候是不可能随心所欲的，因为生活方式是受到客观条件制约的，如生活数量（即生活水平）与生活质量。生活水平常常取决于国家或城市的经济实力，这是家庭或个人不能完全自我决定的，而生活质量则是通过个人努力可以有较大程度改变的。生活质量是人们对生活需要满足程度的评价，包括劳动与休闲生活的满足程度，劳动与日常生活的舒适程度，饮食质量、食品安全与获取食品的条件，服装质量与时髦程度，住房与环境质量，交往需求的满足程度，受教育的满足程度，社会服务的满意程度，以及自身的创造性、社会参与积极性的发挥程度等。

然而，生活质量不仅是对外界所给予的种种条件的评价，还在于人们的主观感受。美国的各项社会经济指标自20世纪60年代以来都在上升，但人们的满意度和幸福感却在不断下降，甚至有人厌恶现代城市文明，到乡间去追求田园生活。所以说生活质量不但可以通过改善客观条件，也可以通过调节主观心理来提高。

体育活动对提高生活质量是有益的，在人们对个人生活质量的满意度中，对“身心健康”的满意度是最重要的指标之一，而且体育活动对人的主观和客观两方面都能起到积极作用。社会体育对人们提高生活质量所起的作用主要表现在以下方面：

（1）各种健身娱乐体育可以缓解现代生活节奏给人带来的紧张情绪，融洽人际关系，克服现代社会中竞争所带来的冷酷、孤独，陶冶人的情操和使人体验人生真谛。经常从事体育活动的人对生活节奏的改变有较强的适应性，可以表现出较强的自制、快乐、超我、坚忍、敏锐、自信、合群和从容不迫的心理调节能力。

（2）社会体育充实了生活时间，各种休闲体育活动可以发散剩余精力，避免各种社会危险。

（3）体育娱乐丰富了人们的社会交往，可以调节人的精神状态；作为交际手段，体育娱乐还可以缩短人和人之间的社会距离，增进家庭成员感情交流，促进家庭和睦。参加体育活动能增强人们之间的相互理解，促进人们取得相互交流与合作，也可以提高人们对社会责任和道德价值观的认识。

[思考题]

①——什么是生活方式？生活方式有哪些类型？②——与体育运动有关的生活方式要素有哪些？③——在社会转型期，中国城乡居民的生活方式出现了哪些变化？④——什么是亚健康？亚健康状态蔓延的原因是什么？⑤——社会体育对改善人们的生活方式和提高生活质量起到哪些积极作用？

第四章　国内外社会体育发展的现状与趋势

本章导读—— 20世纪后半叶，在全世界兴起了一个大众体育的热潮，并经久不衰。这一热潮的兴起和发展，有其广阔、深刻的经济和社会背景，并取得了良好的效果，有些经验值得我们借鉴。我国的群众体育经历了60余年曲折的发展历史，1995年，国务院颁布的《全民健身计划纲要》是社会体育发展的一个里程碑，2009年出台的《全民健身条例》则标志着社会体育进入大发展的新阶段。在21世纪，中国社会体育将向社会化、科学化、多样化的方向发展，更加适应社会主义市场经济体制。本章对工业发达国家大众体育与国内社会体育的现状和趋势做了分述，社会体育指导员学习本章时可进行比较对照，学习的重点是国内社会体育发展的现状和趋势。

第一节　工业发达国家大众体育发展的现状与趋势

20世纪60年代以来，工业发达国家政治、经济、文化等领域的全方位发展，引起了体育领域的一场深刻变化。一方面，以“奥林匹克运动”为主体的竞技体育沿着“更快、更高、更强”的轨道高速发展；另一方面，掀起了以全体国民为主体的大众体育浪潮。体育真正进入千家万户，成为人们日常生活不可或缺的组成部分，形成了与奥林匹克运动并驾齐驱的“第二奥林匹克运动”，有人称之为“我们时代最主要的社会现象之一”“是一项国家重要的社会政治任务”。工业发达国家大众体育的蓬勃发展有其广阔、深刻的经济和社会背景。

一、工业发达国家大众体育兴起的社会原因

（一）不良生活方式造成“文明病”的蔓延

20世纪60年代以来，世界经济进入高速增长期。工业发达国家的机械化、电气化和自动化程度不断提高，现代化交通工具得到普及，信息技术飞速发展，并且普遍实行了高工资、高物价、高消费的分配政策，使人们的生活方式发生了重大改变。人们从事各种体力劳动的机会和时间大大减少，食物数量和膳食结构发生了重

大变化，高营养、高热量食物（高糖、高脂肪、高蛋白）摄入量激增。此外，工业社会固有的激烈竞争使人们承受着强烈的心理紧张感和压抑感。现代医学证明，运动不足、营养过剩、精神紧张是引发心脏病、糖尿病、高血压、肥胖症、恶性肿瘤等一系列“文明病”的罪魁祸首。这些文明病在西方社会肆意蔓延，范围之广，危害之烈，令人触目惊心。20世纪90年代以来，“现代文明综合征”在西方社会更加肆虐。据世界卫生组织估计，目前非传染性疾病（指心血管疾病、癌症、糖尿病、慢性呼吸系统疾病等）导致的死亡占全球死亡率的60%，发病率占43%。至2020年，这一比例将分别达到73%和60%。目前，慢性病已经成为全球最主要的死亡致因。

由于社会竞争的加剧，使人们承受了强烈的心理紧张感与压抑感。吸烟、吸毒、酗酒、枪杀、心理变态等无时无刻不在蹂躏着人类。在美国，单是吸烟、吸毒每年就至少夺走了46万人的生命。又由于生产与生活中缺乏足够的身体活动，使人们的身体变得更加脆弱，每年因缺乏运动至少使30万人丧失生命。这些文明病多由现代社会带来的不良生活方式造成，因此体育运动作为预防医学的一种形式，受到普遍重视。大众体育就成了促进人们改善生活方式的一种工具。

（二）环境的严重破坏加剧了健康问题的严重性

制造业的迅速发展，不可避免地向大自然疯狂地索取各种资源，造成环境的恶化。许多死亡致因与环境污染密切相连，今天的人类必须面对以下事实：物种绝灭，空气、土壤和水质污染，滥伐森林，湿地减少，沙漠化以及潜伏的核战危机等，给人类的健康带来了许多隐患。

在过去100年中，全球近一半的湿地消失；水坝等设施切断了全球近60%的主要河流，导致20%的淡水鱼灭亡或接近灭亡；全球近一半森林消失，热带雨林砍伐正在呈惊人的速度上升，捕鱼活动严重泛滥，70%的鱼类数量在不断减少；过去50年，约66.7%农业用地的土质大幅度下降，约33.3%的原始森林被开发成农业用地。

人类肆无忌惮地破坏生态环境使人类遭到了严厉的惩罚——健康的丧失。人类必须携起手来，共同采用各种积极的行动以保持健康、维护健康，其中参与大众体育就是一个明智的选择。

（三）余暇时间增多为大众体育创造了良好条件

工业发达国家由于实行了小时工资制、五日工作制、弹性工作制和定期轮休制等劳动工资制度，职工余暇时间普遍延长。在日本，工资照发的例假每年共148天；在1969年的联邦德国，职工每天平均的业余活动时间为5.6小时，1982年达到8.7小时，其中可自由支配的时间由4.3小时上升到5.5小时；20世纪80年代，美国每人每年的工作时间比20世纪初减少了20%~25%。大量的余暇时间为大众体育的发展提供了必要的时间保证，同时也需要大量的体育活动来充实人们的余暇时间。

（四）产业结构的变化对大众体育的期望

科学技术的迅猛发展不仅使社会生产力水平大幅度提高，而且带来了生产方式的根本性改变，社会生产由“劳动密集型”向“知识密集型”转变。从事非物质生产的人员持续增加，在社会各行业中，脑力劳动人数在全部就业人口中接近甚至超过半数。长时间伏案工作所造成的“运动不足”“肌肉饥饿”等现象严重影响了人体健康，已成为普遍的社会问题。现今，大众体育已成为脑力劳动投资的一种必不可少的补充形式。

（五）老年社会对大众体育的迫切需求

20世纪中叶起，西方工业发达国家先后进入了老龄化社会，使医疗保健费用飞涨，使以往不堪重负的西方经济又背上了新的负担。在美国，1980年、1990年、1996年65岁以上人口占总人口的比例分别为11.2%、12.2%和12.8%。而这三年美国政府付出的医疗保健费用占国民生产总值的比例分别为9.3%、12.6%和14.8%。1996年，美国政府用于国民医疗保健上的费用达1万亿美元之巨。

这一人口结构的重大变化，一方面给社会的经济、政治、福利等各方面带来巨大的冲击，在生产、消费、医疗保健、住房、环境、家庭等方面引发了一系列问题，大大加重了社会的负担。通过开展大众体育来提高老年人的健康水平已经成为普遍性的社会需要。另一方面，由于老年人对生命有着强烈的紧迫感和眷恋感，因此对具有保持健康和延年益寿功能的体育运动倍加青睐。在现代大众体育中，老年人不仅是最积极的参与者，而且是一支中坚力量。

（六）大众体育是一种人力资本投资的形式

由于科学技术的发展和运用，资本主义国家的投资重点由物资转向人力，人力资本投资主要包括教育、技术培训、保健和体育等。美国著名经济学家舒尔茨在论证人力资本投资时，把“延长公民寿命和增进他们体质”的保健措施列在人力资本投资的首位。他认为这些保健措施“不仅能提高劳动力的数量，也能提高人力资源的质量”。据统计，在澳大利亚经常参加有规律的体育活动的人口每增加10%，就会因预防了心脏病、腰腿痛和提高因受伤、死亡而降低的出勤率，提高了生产效率而获得受益约600万澳元。因此，在一些国家除国家投资体育外，各企业部门也采取各种措施鼓励职工进行体育锻炼。例如，投资兴建体育馆和健身房，购置、租赁海滨浴场和高山滑雪场，供职工参加体育活动。很多企业还把体育训练作为培训新职工的一种人力投资形式，如拓展训练、魔鬼训练等。

（七）都市化是大众体育发展的物质基础

国家在实现工业化的同时必然会伴随着都市化的出现，大量人口集中到城市，城市人口高度密集。据1980年的统计，美国城市人口占总人口的82.7%，英国为88.3%，法国为78.3%，日本为63.3%。由于人与人社会距离的缩短，使大规模社会体育活动的出现成为可能，如几百人横渡海峡、几千人自行车越野、数万人的马拉松比赛等。大型体育设施和社会体育场所的建设也成为一种必然的社会要求。

二、工业发达国家发展大众体育的做法和经验

20世纪中叶以后，国际政治、经济的发展为体育的大众化提供了可能性，也提出了必要性，伴随体育大众化趋势的是它的社会化。体育由过去的国家和教育机构办，发展为全社会的各个组成单位都开始兴办大众体育。经过几十年的发展，当代工业发达国家大众体育达到了较高的水平，主要表现在以下几方面：

（一）政府重视、以法治体

进入20世纪90年代，为了加强对大众体育的领导，各国政府积极进行政府的机构改革。为推动大众体育的发展，西方国家纷纷以政府行为参与体育，如美国专门

成立了健康和体育总统委员会。美国联邦政府为了强化政府对实施“健康公民2000年”的领导，美国政府以健康与社会福利部为最高领导机构，建立了包括总统体育与健康委员会在内的9个联邦政府机构、52个州的政府健康管理机构，以及336个全国性社会团体的实施“健康公民2000年”的联合体。在英国，体育事业的政府主管机构是体育休闲局。日本于1995年5月通过地方分权推进法，将政府对大众体育的行政管理由严格的上下级行政隶属关系向基层社区管理和充分发挥居民主观能动性的方向转变。加拿大政府于1976年建立了“业余体育和身体锻炼部”。

为了保证人们参加体育锻炼的权利和义务，世界各国在普及和发展大众体育的过程中制定了一系列的法规、制度和计划（表4-1），为大众体育的开展创造了良好的社会环境。许多体育发达国家均制定和颁布了体育法规，以指导和推动本国大众体育的深入开展。例如，德国在2000年先后发表了《联合声明》，颁布了《德国体育指南》，从2002年开始推行“体育运动有益于德国”的运动。这些文件都积极地推动了大众体育的发展。

▶表4-1　各国全民健身计划的名称

国别	健身计划名称	颁布年代
美国	健康公民2000年	1990年
加拿大	积极人生	1990年
苏联	居民体育教育大纲	1990年
英国	20世纪90年代——迎接新的地平线	1992年
韩国	振兴国民体育五年计划	1993年
德国	黄金计划	1992年
意大利	面向2000年体育目标	1994年
澳大利亚	活跃澳大利亚	1994年
新加坡	生命在于运动计划	1996年
日本	国家促进体育基本计划	1999年

（二）组织机构群众化、基层化

组织工作是大众体育的关键。较为稳定的社会组织形式可以有效地将人们组织起来，进行有指导的体育锻炼和比赛，使大众体育广泛、深入、持久地发展下去，并不断提高其质量。工业发达国家的具体做法有：不断壮大以俱乐部为基础的社会体育组织；加强各社会群众组织的密切合作；发展社区、庭院体育；企业建立基层体育组织等。例如，德国的大众体育由两大体育管理体系共同完成，一是联邦、各州及地方的官方体育管理体系，二是德国体育联合会的自我管理体系。后者对于德国大众体育的发展起着至关重要的作用，至今仍决定着德国大众体育发展的方方面面。

（三）以丰富的内容和形式普及大众体育

为提倡和推动全民体育活动的开展，世界各国广泛开展了各种各样的体育活动。通过拓展家庭体育、体育探险和体育旅游等途径鼓励人们参加体育锻炼，并以“体育节”“体育日”等形式检阅大众体育成就。例如，美国将每年的10月9日定为“跑步与健康日”；日本将每年的10月10日定为体育节；法国从1972年起，每年举办全国性的“跑步日”“自行车日”“徒步旅行日”“游泳日”和“长距离滑雪日”；澳大利亚在20世纪80年代初推行“找30分钟”活动，号召每人每天抽30分钟时间进行积极性休息；瑞典则在疗养地和夏令营推进“休息时增强你的体质”运动；比利时推行“每家1千米”运动，即每个家庭成员都参加跑步，总长不少于1千米；加拿大于1971年启动的一个全国性健身计划——《体育活动参与计划》，于1976年在政府设立“业余体育和身体锻炼部”，于1990年颁布了“积极人生”计划，全国有40%以上的人经常参加健身锻炼。此外，许多东方国家在传统节日里也开展丰富多彩的体育活动。

（四）千方百计地增加大众体育场地设施的容量

场地设施是开展大众体育的重要前提条件。工业发达国家解决这个问题的基本方法有两种：一种是充分挖掘现有场地的潜力；另一种是统一规划、集资兴建和综合利用新场地。法国在第二次世界大战后各区、省政府大量投资兴建了公共体育场地设施，并向社会开放。

不少国家还以法律形式明确所有场地都要向公众开放。例如，日本政府于1976年颁布了推进学校体育设施开放的法令，现有97.5%的学校体育设施对外开放，很好地解决了社会体育对体育场馆的需求与不足的矛盾。

许多国家为推动大众体育发展，将体育场地设施建设列入城市建设规划。例如，联邦德国于1960年开始启动为期两个15年和一个10年的“黄金计划”，有力地推动了德国大众体育的发展，特别是大众体育场地设施的建设。德国在体育领域保持了少有的大幅度、持续增长的态势。在过去的20年间，越来越多的人参加休闲、游戏和体育活动，自从黄金计划公布以来，体育俱乐部的会员人数从1960年的520万增长到1984年的1900万，增长了3倍；体育人口从1960年的18%提高到1988年的69%；俱乐部数量也从3万个增长到6万个。目前大约有30%的德国公民参加了体育俱乐部。1990年，两德统一后，有关大众体育的政策、规划与措施除继续实施“黄金计划”和“德国体育奖章”制度外，又于1999年实施了“东部黄金计划”。德国是世界体育强国之一，特别是在两德合并前，东德曾与苏联、美国并称为世界竞技体育三强。但在东德和西德合并后，德国没有刻意追求高水平竞技体育的成就，而是在全民中培养健康的生活方式，让民众在体育运动中获得乐趣。如今，德国大众体育的覆盖程度在世界上名列前茅。

（五）重视残疾人体育的开展

作为大众体育的一部分，残疾人体育在工业发达国家受到普遍重视，一些国家定期举办残疾人体育节，不少体育俱乐部还设有残疾人锻炼小组。体育活动可以改善残疾人健康状况，同时提高残疾人生活的勇气和乐趣，克服自卑心理，加强与社会的接触和联系。许多国家号召健康人参与残疾人的体育运动，并以法律形式保障残疾人体育的开展。例如，《加拿大权利和自由宪章》中就规定禁止歧视残疾人参加体育，为残疾人提供适宜的体育条件，使他们同正常人一样参加体育锻炼；1978年，美国奥委会还设置了伤残人运动委员会，美国被公认是世界上开展残障人教育（包括残障人体育）最先进的国家；为了方便残疾人参加体育活动，德国的体育场地无障碍设施做得非常好，许多体育场馆，无论是盲人坡道、卫生间，还是轮椅座椅，都安排得非常周到。在游泳馆里，坐着轮椅来游泳的残疾人也有专供他们下水时使用的升降椅。

（六）注重体质与健康监测

西方工业发达国家十分重视关于全民健身领域的科学研究，以科学技术为依托，推动全民健身运动，指导全民健身活动的开展。其中特别注重以体质监测作为科研工作的一个重点。例如，法国政府于1980年制定了类似于我国体育锻炼标准的体能普查制度，对全国8~10岁儿童的身体素质进行多方面测定；美国从1978年开始，进行了为期10年的少儿体质跟踪调研；澳大利亚在20世纪80年代开展了“有规律进行身体锻炼和经济效益”的调查研究；日本为了及时掌握国民的体质和体能状况，实施了各种形式的体育运动普查和测试，并通过测试的推广，达到提高大众的体育参与意识和推动体育开展的目的。

（七）充分利用宣传媒介，大力开展大众体育活动

各国为了更好地开展大众体育活动，充分利用各种宣传媒介，提出了一些响亮的大众体育口号，其内容具有强烈的诱惑力和鼓动效应，在指导大众体育开展过程中起到了不可忽视的作用。例如，法国于1975年在120个城市开展了名为“心脏健康之路”的跑步或走步活动，口号是“体育活动为健康所必需”，以及德国的“有氧锻炼—130”，加拿大的“人人参加”等。其目的都是大造舆论，动员更多的人参加体育锻炼。此外，各国还充分利用电视、广播、报刊、广告、书籍、体育咨询等手段进行广泛、深入、细致、持久的宣传，来增强人们的体育意识，普及体育知识。

第二节　我国社会体育的发展现状与发展趋势

我国社会体育经历了几十年的曲折发展，在20世纪90年代进入了一个快速发展的时代，投入到社会体育的人财物等资源大幅度增长，参加全民健身活动的人数也超过了中等发达国家。在《全民健身条例》颁布后，社会体育被明确定义为社会公

益事业，进入政府的公共管理系列。在今后的十年中，我国社会体育的发展趋势是积极向上的，与我国经济与社会的发展总趋势保持一致。

一、我国社会体育的现状

（一）我国社会体育发展的基本历程

1. 开创阶段（1949年10月—1952年11月）

这一阶段，社会体育作为体育的主要内容，受到党和国家的高度重视。1952年6月，毛泽东同志提出了“发展体育运动，增强人民体质”的方针。这一时期全国的体育事业由团中央负责组织和管理。县级以上各级团组织建立“军事体育部”，负责体育工作。1952年6月，中华全国体育总会成立。三年间，国家共投资建成了5227个体育场地，相当于新中国成立之前的近2倍。中华全国总工会负责领导职工体育工作，大力开展职工体育。1951年11月，我国开始推行第一套广播体操。这一阶段为开创社会主义体育发展道路奠定了基础。

2. 探索阶段（1952年12月—1957年5月）

这一阶段，社会体育事业在学习苏联发展体育事业的基础上开始了新的探索。1952年11月，中央人民政府体育运动委员会成立。此后，全国县级以上政府陆续成立了体育运动委员会，逐步形成了社会体育组织管理的三大系统，即政府体育行政系统、军队系统和社会组织系统。1954年1月，党中央提出的“改善人民健康状况，增强人民体质是党的一项重要的政治任务”，表明这一时期的社会体育仍然处于体育主体的位置。同年3月，政务院发出在全国政府机关中开展工间操和其他体育活动的通知。1954年5月，开始实施“准备劳动与卫国体育制度（简称劳卫制）”。1956年4月，国家体委颁布《基层体育协会示范章程》，职工体育活动空前活跃。1956年6月，国家体委和团中央首次召开全国农村体育工作会议，会议要求迅速建立县一级体育运动委员会，广泛开展农村体育活动。全国群众体育活动形成热潮。

3. 曲折发展阶段（1957年6月—1966年5月）

这一时期的社会体育随着政治经济形式起伏呈波浪形发展趋势。由于“左倾”思想的干扰限制了武术的发展；“大跃进”使社会体育形式主义严重，脱离群众、脱离实际；连续三年饥荒使社会体育几乎陷入停滞状态。1963年，国家体委提出了“业余、自愿、因时因地因人制宜，小型多样”的群众体育活动方针。随着经济状况的不断好转，城乡体育逐步恢复。1964年，全国体育工作会议提出，把主要精力用于开展群众性体育活动，加强业余训练。因此，社会体育得到了较快的发展，城乡群众体育活动形成了新中国成立后的高潮。

4. 畸形发展阶段（1966年6月—1976年10月）

“文革”时期，我国的体育事业跌入新中国成立后的低谷。并且随着政治局势的变化，出现了起起落落的现象。1966年6月以后，各级体育行政机构已不能正常开展工作，整个体育事业陷于瘫痪。职工体育几乎消失，农村体育活动陷于停顿。仅存的一些群众体育活动也打上了时代的政治烙印。1972年和1973年，国家体委相继召开全国农村体育工作座谈会和全国职工体育工作座谈会，使全国农村体育和职工体育很快升温。其后出现的“批林批孔”运动和“反击右倾翻案风”运动又使群众体育轰轰烈烈的局面重新陷入停滞状况。

5. 拨乱反正迅速恢复阶段（1976年11月—1984年10月）

1976年10月，“四人帮”被粉碎之后，特别是党的十一届三中全会以后，体育战线正本清源，拨乱反正，社会体育得以迅速恢复，职工体育迅速展开，农村体育呈现出蓬勃生机。1984年年底，国家体委在全国开展争创全国体育县活动，将我国农村体育向前推进了一大步。这一阶段为我国体育事业的改革与发展奠定了基础。

6. 改革阶段（1984年11月—1995年3月）

1984年10月，中共中央发出《关于进一步发展体育运动的通知》，标志着我国体育进入了改革与发展阶段。1986年4月，国家体委下发的《关于体育体制改革的决定（草案）》，提出了我国社会体育的改革方向与措施。核心问题是进一步推进体育社会化，实现国家办与社会办相结合，充分调动社会办体育的积极性。体育改革推动了我国社会体育发展。老年人体育、伤残人体育、民族传统体育迅速勃兴并健康发展。争创全国体育先进县活动带动了农村体育设施建设。到1995年末，全国体育先进县已有338个，全国有“两场一地一房”的县由1985年的11个，增加到1995年的533个。职工体育也取得了可喜的发展。但随着经济体制改革的不断深化，职工体育处于徘徊的局面。新兴城市的社区体育应运而生，到1995年，有40%左右的城市街道成立了社区体育协会。1993年4月，国家体委下发的《关于深化体育改革的意见》中提出了群众体育的7项改革措施，其中第一项就是推行全民健身计划，预示着我国社会体育进入了新的发展阶段。随后，又相继推出了《社会体育指导员技术等级制度》《中国成年人体质测定标准》等法规制度，并利用体育彩票公益金建设了大量的全民健身活动设施和青少年体育俱乐部。

7. 大发展阶段（1995年4月至今）

1995年是我国社会体育发展很不平常的一年。3月5日，全国人大八届三次会议《政府工作报告》中明确提出“体育工作要坚持群众体育和竞技体育协调发展的方针，把发展群众体育、推行全民健身计划、普遍增强人民体质作为重点”。6月20日，国务院颁布了《全民健身计划纲要》。8月29日，全国人大常委会通过了《中华人民共和国体育法》，其中明确规定“国家推行全民健身计划”。全民健身计划的实施使我国社会体育发展完全纳入国家的长远发展规划之中。从此我国社会体育发展转入了实施全民健身计划阶段，开始了一个有目标、有措施、有计划的发展过程。1995—2000年共命名全国体育先进县306个，命名全国体育先进社区322个。2010年，在胜利完成为期15年的《全民健身计划纲要》的前夕，国务院于2009年颁布了《全民健身条例》（以下称《条例》）。《条例》总结了15年来贯彻《全民健身计划纲要》的经验和教训，经过多年酝酿，几易其稿，全面系统地规范了全民健身的计划、活动与保障三方面的行为；突出了体育权利的观念，在第四条中有“公民有依法参加全民健身活动的权利”。《条例》的出台标志着我国的社会体育进入了一个新的发展阶段。

（二）我国社会体育的现状

1. 初步建立了新型社会体育组织领导机制

为加强对实施《全民健身计划纲要》的领导，全国各省（区、市）普遍成立了由政府分管领导任负责人或政府主要领导挂帅、政府有关部门和群众团体负责人参加的全民健身工作领导协调机构。到1999年，成立全民健身工作领导机构的地（市）、县（区）分别占地（市）总数、县（区）总数的98%和95%以上，许多街道、乡镇也成立了全民健身工作领导协调机构。同时，国务院很多部委也建立了全民健身领导机构，有些部委还要求下属部门和单位建立相应机构。

2. 社会体育管理开始进入了依法行政、以法治体轨道

《体育法》的颁布实施，标志着我国体育工作进入了依法行政、以法治体阶段。1995—2009年，国务院和国家体委（国家体育总局）先后出台的社会体育法规、规章和法规性文件数量是1995年前的4倍。其间，省级人民代表大会颁布的专门的和包括社会体育的地方法规30余项，是1995年前的近5倍，省级政府颁布的地方规章数量也相当于1995年前的近5倍。省级体育行政部门的立法也有较大幅度增加。同时，各级社会体育立法层次普遍提高，立法范围有所扩大，体育法制宣传经常不断，社会体育法制意识逐步增强，社会体育法制环境日益完善。

3. 社会化的群众体育组织网络正在形成

体育社团是发展体育事业的重要组织形式。10多年来，体育社团的类型和数量不断增加，特别是群众体育社团发展更快，形成了从中央到地方的体育社团结构，基本覆盖了城乡广大地区，包括各级体育总会、各类人群体育协会、行业体育协会、单项体育协会等。其中，中华全国体育总会有单位会员154个，其中全国性单项体育协会60个，行业体协27个，省（区、市）体育总会37个，其他体育组织30个。社会体育指导员组织是体育社团的一个重要类型。为加强社会体育指导员队伍建设和管理，上海市于2003年率先成立了社会体育指导员协会。随后，江苏、河北、河南、浙江等省也陆续成立了社会体育指导员协会。2010年，中国社会体育指导员协会在北京成立，标志着社会体育指导员组织建设进入新阶段。另外，在许多机关、企事业单位内部，也有许多群众体育社团组织。这些社团充分利用各自优势，在全民健身工作中发挥着不同的作用。

遍布城乡社区的基层体育组织，如各类群众体育指导站、体育辅导站、体育活动点、晨晚练（站）点、体育（文化、文体）活动室等，是群众开展体育健身活

动的重要阵地。这些组织同社区体育场地设施、社会体育指导队伍建设紧密结合，直接服务于群众健身。截至2010年，全国城乡共有体育指导站、体育健身活动站点250612个，比2004年的201457个增加了24.4%。经常在各体育指导站或活动站点健身的群众人数大幅增加。

为加强社区基层体育组织建设，国家体育总局从2004年开始，在部分省（区、市）开展了用体育彩票公益金扶持创建社区体育健身俱乐部的试点工作，并于2005年确定了第一批试点单位。目前，全国共有各级社区体育健身俱乐部18146个，会员5168000多人。各地还建立了一些为群众提供体质测试服务的国民体质测试站点。至2010年年末，全国共有国民体质测试站（点）5287个，累计为2831913人次提供了体质测试服务。另外，城乡街道居民委员会、村民委员会等自治组织和其他一些基层文化体育组织，也在组织开展群众健身活动中发挥了重要作用。

4. 社会体育指导员队伍不断壮大

获得各级技术等级称号的社会体育指导员，从1999年的15万人发展到了2012年的近90万人。在贯彻《全民健身条例》的过程中，国家体育总局进一步加大了社会体育指导员培训工作的力度，将加强社会体育指导员队伍建设作为克服群众体育薄弱环节的重要突破口。2009年以来，国家级社会体育指导员培训基地由过去的8个扩展到29个，并征集、确定了社会体育指导员标志，成立了中国社会体育指导员协会，扩大了高等级社会体育指导员的培训数量，修订完善了社会体育指导员法规制度和培训教材，召开了首次全国社会体育指导员工作会议，使社会体育指导员工作跃上了新台阶。

5. 群众体育健身场地逐年增多

推行《全民健身计划纲要》10多年来，我国体育场地设施建设取得显著成效。截至2010年年底，全国各类公共体育场地设施已达100多万个。

2004年，有关部门联合开展了第五次全国体育场地普查。结果显示，截至2003年12月底，全国（除台湾、香港、澳门地区）各系统、各行业、各种所有制形式的各类体育场地共有850080个。历年累计投入体育场地建设资金1914.5亿元。以2003年年底全国总人口129227万人（不含香港、澳门、台湾地区）计算，平均每万人拥有体育场地6.58个，人均体育场地面积为1.03平方米，人均投入体育场地建设资金148.15元。

在不断增加的体育场地设施中，各级政府从1997年开始利用体育彩票公益金实施的“全民健身工程”是最主要的建设方式，工程项目包括“全民健身路径”“雪炭工程”“全民健身活动中心”“全民健身户外活动基地”“农民体育健身工程”等，投资数量逐渐加大，建设速度日益加快。仅在2006年，国家体育总局和各省（区、市）就投入24328万元，相当于1997年投资总额的4.6倍；共建设“全民健身工程”项目6077个，相当于1997年建设总数的12.2倍。“十一五”期间，国家体育总局投入20多亿元、地方投入130亿元建设“全民健身工程”，全国共建设各类“全民健身工程”项目近50万个。

1997年9月，原国家体委决定用体育彩票公益金在全国推广“全民健身路径”。截至2010年年底，全国共投入资金41亿元，其中国家体育总局投入本级体育彩票公益金近6.1亿元，建成“全民健身路径”164658条。在建设“全民健身路径”的基础上，从2001年起，国家体育总局利用本级体育彩票公益金，引导、扶持各地建设以综合性室内体育场地为主的“全民健身活动中心”。到2010年年末，建成各类“全民健身活动中心”3419个，为城乡居民提供了优质公共体育服务。

为支持欠发达地区的全民健身事业，国家体育总局于2001年开始利用体育彩票公益金分期、分批地在经济欠发达地区援建经济实用的“雪炭工程”。截至2010年年底，共投入本级体育彩票公益金近6.5亿元，在全国28个省（区、市）援建“雪炭工程”体育场馆406个。

为充奋利用和整合区域体育资源，探索建设群众健身场地设施的新路子，从2002年起，国家体育总局开始引导各地利用山川、绿地等自然资源和城市的广场、园林，建设“全民健身户外活动基地”。截至2010年年底，共建成体育公园427个、体育健身广场4700个、民健身户外体育营地908个、社区运动场11429个、健身步道122287条。

2006年，国家体育总局开始会同国家发展和改革委员会、财政部实施“农民体育健身工程”。截至2010年年底，共建成“农民体育健身工程”23万多个，使全国三分之一的行政村拥有了公共体育场地设施。在东部地区，“农民体育健身工程”的覆盖率平均达到60%，中部地区平均达到31%，西部地区平均达到21%，体育场地面积共增加2亿多平方米。

6. 社会体育经费大幅度增加

通过对25个省（区、市）的调查结果显示，1995—1999年，在省、地、县三级体育行政部门中，无论是群体部门的财政经费，还是用于社会体育的社会资金、体育彩票公益金均逐步增长。其中，省级体委群体部门财政经费比1990—1994年间增长了67.6%，地级增长了72.5%；在体育彩票公益金方面，省级增加了9倍，地级增加了19倍，县级增加了10倍；在社会吸纳的资金方面，省级增加了7倍，地级增加了1.4倍，县级增加了1.8倍，大大增强了社会体育的财力。2009年颁布的《全民健身条例》中规定，“县级以上地方人民政府应当将全民健身事业纳入本级国民经济和社会发展规划，有计划地建设公共体育设施，加大对农村地区和城市社区等基层公共体育设施建设的投入，促进全民健身事业均衡协调发展”；“县级以上人民政府应当将全民健身工作所需经费列入本级财政预算，并随着国民经济的发展逐步增加对全民健身的投入”。各级政府对全民健身的经费投入迅速增加。

7. 群众性体育活动形成热潮

2007年，我国经常参加体育活动的人数为3.4亿，其中男性为1.94亿，女性为1.46亿，城镇居民为2.18亿，乡村居民为1.22亿。近年来举办的“全民健身宣传周”“体育节”等活动产生了广泛的社会影响，大大增强了群众进行体育健身的意识。此外，“亿万妇女健身活动”“亿万农民健身活动”“全国体育大会”等大型群众体育活动也产生了更加广泛而深刻的社会影响。不同类型的部门、单位、个人组织的形式多样、内容丰富、贴近群众、贴近生活的社会体育活动充实了人们的业余生活。近年来，我国每百户拥有体育健身器材的数量增长了65%。据第三次全国群众体育调查，我国城市最普及的体育项目依次为健步走、跑步、小球类运动（乒乓球、羽毛球、网球）、大球类运动（篮球、排球、足球）、健身健美操（舞）、骑车、武术、游泳、登山、户外健身器械、力量训练、跳绳、踢毽、气功等。

二、我国社会体育的发展趋势

未来十年间，我国将呈现国民经济持续、快速、健康发展，物质文明与精神文明共同进步、经济与社会协调发展的态势。因此，我国社会体育也将保持一个持续、快速、健康的发展态势。人民参与体育活动的物质条件将会越来越好，社会体育在人们生活中的位置将会随着人们生活更加富裕而变得更加突出，人们参与体育的程度将会更加普及。我国社会体育的管理体制和运行机制将会随着社会主义市场经济体制的逐步完善和体育改革的不断深化，更加适应社会体育发展的要求。我国的农村体育、职工体育和落后地区的体育将转向一个主动健康的发展轨道，迈上一个新的台阶。

为此，我国社会体育发展将出现以下发展趋势：

（一）社会体育将成为更多人的一种生活方式，成为一种更为普遍的社会现象

随着人们生活水平的不断提高和余暇时间的不断增多，社会体育将走进更多家庭，成为人们生活的一部分；人们将逐步增加体育健身支出，提高体育消费水平；随着社区建设和社区服务的加强与完善，人们体育锻炼的环境与条件也会不断完善；休闲娱乐类体育活动将有更大的发展，社会体育活动更加贴近生活，成为一种普遍的社会现象。

（二）社会体育将成为更加广泛的一种公共服务事业

坚持群众体育事业的公益性，保障公民参加体育健身活动的合法权益，把增加参与体育锻炼的人数和提高群众的身体素质作为核心任务，针对城市、农村、少数民族地区等不同区域和青少年、老年人、残疾人、职工等不同人群的特点，采取各有侧重、明确具体的工作思路和措施。继续在全民健身设施、全民健身组织、全民健身活动指导等方面进行创新，大力推进公共体育服务均等化，使体育切实成为群众强身健体、愉悦精神、提升生活质量、实现全面发展的重要手段和小康生活的重要内容，为提高社会管理水平服务。随着政府体育行政部门管理职能的转变，体育社会团体、事业单位和其他中介组织将会在兴办社会体育事业中发挥更大的作用。

我国已经建立起的社会化的社会体育组织网络将在政府领导下，有序、有效地开展社会体育工作。我国的社会体育将形成一种管理由政府、建设靠国家、兴办靠社会、活动有社团、锻炼有组织的国家与社会共同兴办的格局。

（三）社会体育工作将在更大范围内实现依法行政、以法治体

随着具有中国特色的适应社会主义市场经济体制的法律体系的建立，我国已经初步建立的社会体育法规体系将逐步完善，社会体育行政执法和执法监督工作不断加强，社会体育行政管理方式将由主要依靠行政手段转向主要依靠法律手段。关系到社会体育发展的突出问题（如公共体育场地设施建设、资金投入等），将通过立法得到解决，从而切实保障人民群众的体育权益。同时，公民和组织的体育法制意识不断增强，普遍掌握运用法律武器来保护自身的体育权益。

（四）社会体育管理和体育健身活动科学化程度不断提高

随着科教兴国战略的进一步实施，科学技术将渗透到社会体育的更多环节；社会体育管理与决策的科学化、民主化的程度越来越高；科学技术和人才在体育发展中的地位越来越突出；科技含量高、适应性强的体育健身方法、体育健身器材等将不断涌现；社会体育的信息化水平将有较大幅度提高；运动要讲科学将成为更多人的锻炼共识；社会上将出现更多的开具运动处方的机构，为人们提供科学健身服务。

（五）体育健身产业将获得较大发展，逐步成为新的经济增长点

随着我国社会主义市场经济体制的不断完善，人民生活水平的提高、文化生活的日益丰富，社会为了满足人民的多种体育需求而开办的体育产业，将获得较大发展。随着人民消费水平的提高和消费观念的转变，家庭体育消费将大幅度增长，社会体育产业蕴藏着巨大的发展潜力。未来，向体质与健康投资，搞体能储备，将成为一种社会风尚。由此带来的体育健身、体育娱乐、体育康复、体育表演等巨大的体育消费市场，不仅将大大推动体育产业发展，还会带动相关产业的发展。

（六）从服务生产逐步走向服务生活

鉴于人们对社会体育内容选择的多样化，社会体育的内容结构将为适应人们的需要而不断改善；根据参与者不同的生活环境、爱好和需要进行更为自由地选择和

设计，使之更加贴近生活，更能被群众所接受；使不同性别、年龄、爱好和身体状况的社会成员都能找到适合自己的活动内容。

随着社会消费热点向娱乐、健身、欣赏方面转变，很多曾经被称为“贵族运动”的项目，在我国已具有广阔的发展前景，使我国社会体育活动层次的生活化表现出“高移化”倾向。

［思考题］

①——试述工业发达国家大众体育兴起的原因。②——工业发达国家大众体育有哪些做法和经验值得我们借鉴？③——试述我国社会体育的发展现状。④——以“我国社会体育的明天”为题写一篇学术文章。

第五章　运动性心理疲劳的预防与消除

本章导读—— 身体锻炼并不总是能促进心理健康。如果锻炼安排不当，也会产生副作用——运动性心理疲劳。它的最终结果会使人退出锻炼。本章将阐述运动性心理疲劳的概念、表现、产生的原因，介绍预防与消除运动性心理疲劳的方法，以及运动性心理疲劳的诊测方法。本章的学习重点是预防与消除运动性心理疲劳的方法。

第一节　运动性心理疲劳的概念、表现和产生原因

只要有运动，就会有疲劳。疲劳不仅可以是身体上的，也可以是心理上的。心理上的疲劳虽然可能由生理疲劳引起，生理疲劳也常常会伴随心理疲劳，但两者并不是一回事。

运动性心理疲劳现象最初是在竞技运动中发现的。一位优秀艺术体操运动员曾有过这样的描述：

“那段时间，感觉特烦躁……性格上多少有点改变，但不能说孤僻。根本就不想练了，甚至想放弃了，训练根本就没法进行了，不愿意练，练不动了。有一次训练之前，我一见到场地，突然浑身颤抖，不想看场地和我要进行训练的器械。我感觉运动员到这时候首先都不喜欢自己的项目，这是疲劳很明显的时候”。

一位优秀自行车运动员也有过这样的经历：

“……表现出闷闷不乐，不想说话，对自己的专项厌恶，烦躁，看见车就不想骑，不想看见它的感觉，提起‘自行车’三个字就烦，看见别人骑都替他觉得累。心理疲劳关键是失去自信心，对自己的能力产生怀疑和心理障碍”。

以上两段描述，说明运动员在长期艰苦训练和比赛中产生了运动性心理疲劳。身体锻炼如果不当，也可能会产生运动性心理疲劳。

一、什么是运动性心理疲劳

心理疲劳是用来描述长期处于高压力工作环境下所造成的心理资源耗竭现象，突出表现为情绪耗竭、乏人性化和个人成就感降低。产生心理耗竭的主要原因是高心理压力，形成的过程较长，结果较严重，有明显的行业特点。

在竞技运动中，运动员、教练员或体育工作人员也常常会出现这种现象。例如，有时候，运动负荷不大，却感到身心疲惫；有时候，运动训练和比赛对身体的消耗非常大，运动员和教练员却兴高采烈，谈笑自如。这说明体育运动在给予人生理负荷的同时，也给人以心理负荷，但两者是不一样的。

多数学者认为，心理疲劳是一种由于过度压力和长期不满足，使人在心理上、情绪上以及实际行动上产生的退缩现象。它是一种精疲力竭的心理或生理反应，主要是由于经常性地、有时甚至是极端地为了应付过度训练和比赛要求而付出努力，但又没有收到效果所引起的。

运动性心理疲劳是指运动员在竞技运动领域中应对自身压力和环境压力时，心理资源及生理资源被不断消耗，没有得到及时补充时所出现的心理机能下降的现象。它具体表现在情绪、认识、动机、行为以及生理的消极改变上。

这种心理疲劳现象在健身活动中也有可能发生。例如，某人因减肥心切而强迫自己在跑步机上每天慢跑4000米，但由于他过于控制饮食，经常在饥饿的状态下跑步，一段时间之后就对跑步产生了厌恶，一看到跑步机就感到浑身无力、恶心甚至恐惧。这就是健身运动中的心理疲劳。

心理疲劳现象不同于生理疲劳。例如，某男士本来是很喜欢逛商店购物的，但有一次，他在陪同别人漫无目的地逛商店时，不胜厌烦，感到“心累”，同时身体也很疲惫，只想回到家里好好睡一觉。回到家中，当他正准备躺在床上休息时，突然接到了一位朋友打来的电话，约他一同去打网球。此时他困意全无，浑身充满了力量，立即收拾运动装备，去参加这项自己喜爱的运动。这个例子说明，该男子在逛商店时只产生了心理疲劳，并未出现生理疲劳现象。

从上面的描述可以看出，心理疲劳是由于“心累”而导致的情绪低落、厌烦、成就感降低以及身体疲劳感增加。运动性心理疲劳可能会导致运动员停止甚至退出自己心爱的运动，同样可能导致体育健身者退出身体锻炼。

二、运动性心理疲劳的表现

运动性心理疲劳会伴有许多生理症状，但主要表现为心理症状。

（一）运动性心理疲劳的生理症状

严重的运动性心理疲劳可能伴随以下10种生理症状：安静与锻炼时心率增高；安静时收缩压增高；肌肉疼痛感增加和长期肌肉疲劳；血液中的应激生化指标增高；失眠；感冒和呼吸道疾病增加；体重减轻；最大有氧功率下降；肌糖原含量下降；性欲与消化功能下降。

（二）运动性心理疲劳的心理症状

1. 美国学者考克斯总结的运动性心理疲劳的5个心理症状

（1）心境状态紊乱：心情压抑，情绪悲观、低落。

（2）生理、精神和情绪的疲劳感增加：感觉身心疲惫、倦怠。

（3）自尊心下降：低估自己的能力和取得的成绩，感到自己一无是处，事业或生活前景黯淡。

（4）人际关系质量发生消极变化：在别人面前表现出玩世不恭、冷酷无情、丧失人格等，让人觉得不可理喻。

（5）对日常应激的反应延长并消极堆积：面对日常生活或工作压力时，紧张焦虑、担忧甚至恐惧的反应持续较长时间，甚至一筹莫展。

2. 美国学者马斯拉奇和杰克逊概括出的心理疲劳的核心症状

（1）情绪耗竭：情绪淡漠，缺乏激情。

（2）乏人性化：表现出玩世不恭、冷嘲热讽、冷酷无情等。

（3）个人成就感降低。

三、运动性心理疲劳产生的原因

运动心理学者分别从训练学、经济学和社会学的角度解释了运动性心理疲劳产生的原因。这些解释可以归纳为以下4种理论。这些理论有助于我们深入理解运动性心理疲劳产生的原因，从而为预防和消除运动性心理疲劳打下基础。

（一）认知-情感应激理论

这个理论认为，心理疲劳是人在压力下长期处于应激状态所产生的心理耗竭反应。主要表现为体育健身者在心理上、情感上乃至身体上不愿再从事先前从事和喜爱的运动。心理耗竭的产生过程分为4个阶段：

第一阶段：情境要求。当运动情境对参与者提出很高的要求，而且这种要求超过了体育健身者潜在的应对资源时（如做超量的身体练习或过于强调必须取胜），他们就会出现应激，进而导致心理疲劳。

第二阶段：认知评估。这是体育健身者个人对运动情境的解释和评估。假如他（她）将应激情境看作是威胁（如在体育活动中再次遇到一位从未胜过的老对手，可能会变得紧张，担心自己再次输掉比赛），就会因为应激反应而精疲力竭。

第三阶段：生理反应。如果体育健身者持续将情境看作是威胁，应激就会使他的身体产生变化，如紧张、易怒、疲劳等。

第四阶段：行为反应。生理反应会导致一些应对与任务行为，如成绩下降、人际交往困难以及退出所从事的运动项目等。这是心理疲劳乃至耗竭的行为表现。

此外，个人的人格和动机因素对运动情境的应激反应具有调节作用。也就是说，一个人独特的人格和内部动机常常决定他（她）是否会产生心理耗竭。

（二）消极训练应激反应理论

这一理论认为，对训练应激的消极反应是产生心理疲劳的原因。运动训练或体育锻炼势必会产生训练应激。运动员或锻炼者如能积极适应这些训练应激，有助于提高运动成绩或增进身心健康；相反，不适应训练应激就无法获得满意的运动成绩或无法获得预期的身心健康效果。由于长期达不到训练或锻炼效果，运动员或锻炼者就会出现疲惫、感到训练过度和心理疲劳，进而导致他们从所从事或所喜爱的项目中退缩。

在这个理论中，疲惫、感到过度训练和心理疲劳合在一起，称为“训练应激综合征”，它是导致运动员或锻炼者从运动项目中退缩的直接原因。

（三）投入理论

简单地说，投入理论就是人对自己参与体育运动的投入和所获得的回报的评价，决定了他究竟是继续参与这项运动，还是产生心理疲劳（耗竭）乃至退出。具体地说，个体是根据对5个因素的评价来决定自己对参与体育运动的看法。这5个因素分别是：参与某项运动所获得的回报；所付出的代价（可诱发应激）；满意度；时间和精力的投入；是否还有其他的选择。

评价的结果可以使个体对自己的行为产生两种看法：一种是“参与运动是享受”，另一种是“参与运动是约束”。如果他（她）将所参与的运动视为享受，就会继续热情参与这项运动；反之，如果他（她）将所参与的运动看作是一种约束，则迟早会产生心理疲劳（耗竭）并退出这项运动（图5-1）。

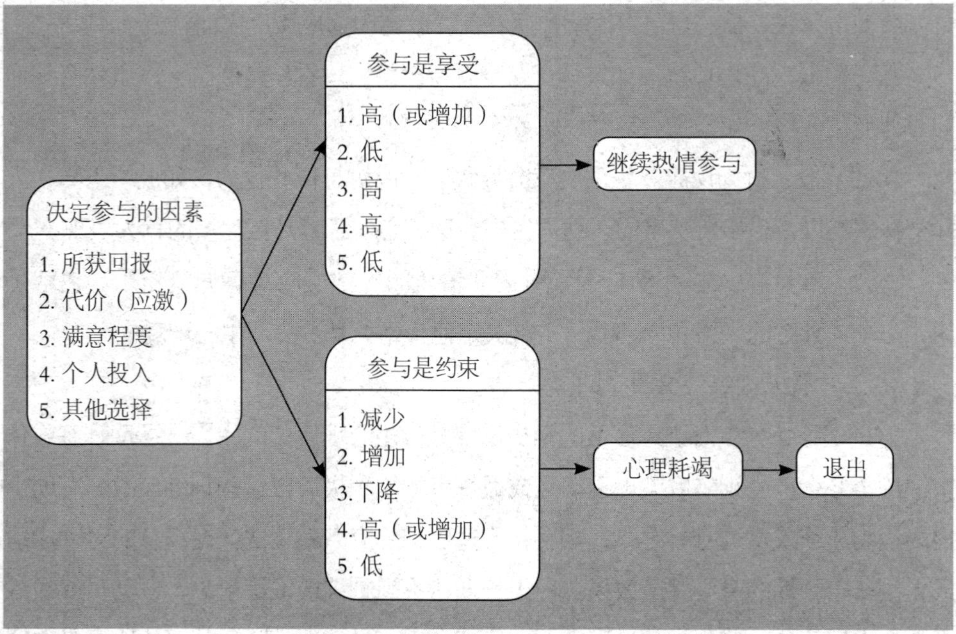

图5-1　投入理论示意图

从图5-1可以看出，一个人之所以喜欢运动，是因为参与运动的回报高，而付出的代价却相对少；参加运动能带来满足感；个人的高投入能带来高回报；虽然他（她）把精力主要投入到体育运动中，没有时间培养其他兴趣爱好和从事其他事业，但是，这不应该被看成是消极的，因为这是他（她）自己做出的选择。

如果比较这个理论框架中的“享受”与“约束”，就会发现这两者在“回报”“付出”和“满意感”方面截然相反，但在“投入”和“其他选择”方面却相差无几。这种相似性正好可以解释为什么在回报、付出和满意感方面不同的情况下，个人仍然继续参加体育运动。尽管在这种状况下个人没有从运动中获得享受，在他们眼里，训练枯燥无味，竞赛乏味无意义，运动或比赛是一种劳役和苦工，但他们仍然坚持了下来。这是因为他们的投入巨大，然而其选择其他活动的余地却很小，他们必须坚持下来。多年来，他们为此投入了几乎全部的精力和时间，要放弃它不是一件轻而易举的事。也正是因为这个原因，这个理论才叫“投入”理论。另一个原因是他们除了体育运动外，几乎没有其他选择。多年来，他们全身心地投入体育运动，几乎没有时间和精力培养其他兴趣，因此很难发展体育运动以外的其他兴趣爱好。这是一种不正常、不健康的状态。

当然，这种由于约束而参与体育运动的不健康状态不可能长期维持，因为个人已开始感觉到心理疲劳（耗竭）。如果不能改善心理疲劳（耗竭）的症状，他们会不顾一切地离开运动场，并可能会逐渐培养其他兴趣爱好，减少对体育运动的投入，从而给自己找到其他出路。

（四）单一认同的发展和外部控制理论

这一理论着重分析的是运动性心理疲劳产生的社会原因。认为心理疲劳的产生有两个社会原因：一是体育健身参与者发展体育运动以外各种兴趣爱好的愿望无法实现，即对体育运动的“单一认同”；二是体育健身参与者感到自己在生活中的选择权几乎都被体育运动所控制。这两个原因很可能导致参与者产生心理疲劳，并最终退出运动场。

最后需要指出的是，体育运动中的心理疲劳并非运动员或锻炼者所独有，教练员、官员、科研人员、队医、社会体育指导员等都有可能产生心理疲劳。

第二节　运动性心理疲劳的诊测方法

由于心理疲劳伴有各种心理、生理和行为症状，所以可通过心理、生理生化测试指标以及行为观察来诊测运动中的心理疲劳。

一、心理指标的监测

（一）自陈量表

自陈量表是目前最常用的心理疲劳测量方法。自陈量表是一种自我评定问卷，施测时请被调查者就一些测试题或问句选择合适的答案，以了解其心理特征。常用的心理疲劳量表有以下几种：

1.《心境状态剖面图》

《心境状态剖面图》（简称POMS）是由麦克奈尔等人于1971年编制的一种自评量表。它包括紧张、抑郁、愤怒、精力、疲劳和慌乱6个分量表，每个分量表包括若干个形容词，全表共65个形容词，各分量表的词混合排列。每个题目有5个等级，从0~5分别代表“全无”到“非常多”。测试时要求参与者在10分钟以内，根据自己一周以来的心境状况，在这些描述心境的形容词中选择一个最符合自己情况的等级。该量表可用于运动性心理疲劳的监测。

格罗夫等人于1992年对POMS进行了简化和发展，将原来的65个题目简化为40个，并增加了“自尊心”分量表。同时，他们用心境失调总分（简称TMD）表明消极情绪状态的程度，TMD分数越高，即心情越纷乱、烦闷或失调。

2.《马斯拉奇心理耗竭量表》

《马斯拉奇心理耗竭量表》（简称MBI）是美国学者马斯拉奇和杰克逊于1981年研制的。它是目前应用最为广泛的测量心理疲劳的纸笔测验。

该量表从三个维度测量心理疲劳，包括以下三个子量表：

（1）情绪耗竭：指一种过度的付出感以及情绪资源的耗竭感。该子量表有5个题目，如“在一天的工作结束之后，我觉得筋疲力尽”。

（2）乏人性化：表现为对所从事工作的消极、冷漠、过分隔离及愤世嫉俗的态度和情绪。该子量表有5个题目，如“我对工作变得不那么投入了”。

（3）个人成就感：指对自我能力感降低，倾向于对自己做出消极的评价，尤其是在工作方面。该子量表有6个题目，如“在我看来，我擅长于我的工作”。

三个子量表的所有题目都是在0~6的7级李克特评定量表上打分，0代表“从不”，6代表“每天或更多”，个人成就感的分量表反向计分。三个分量表的得分相互独立，不能相加。

3.《伊德斯运动员心理耗竭量表》

《伊德斯运动员心理耗竭量表》（简称EABI）是国外学者伊德斯于1991年专为运动员研制的心理疲劳量表。这个量表包括6个分量表，共36个题目，以7级李克特量表进行评估，0代表“从不”，6代表“每天或更多”。6个分量表分别是：

（1）对运动能力的消极自我观念：是指运动员对自己运动能力的自信降低。共有8个题目，如“在比赛中我没有很好地表现出自己的能力”。

（2）情绪和体力耗竭：是指在训练和比赛中情绪和体力上的超负荷甚至耗竭感。共有9个题目，如“我感觉难以应付比赛要求”。

（3）心理退缩：是指对运动参与失去兴趣，渴望退出训练和比赛。共有7个题目，如“我真希望这个赛季结束”。

（4）由教练员和队友引起的运动贬值：是指运动员感觉没有得到关心和人性化对待。共有6个题目，如“我感觉教练员把我当成一个物体而不是人”。

（5）运动员与教练员期望的一致性：是指运动员与教练员对运动表现期望的一致性。共有3个题目，如“我清楚地知道教练员对我的期望”。

（6）成就感：是运动员对自己个人成长和运动成就的评价。共有3个题目，如“我对自己取得的运动成就感到满意”。

4.《运动员心理耗竭问卷》

《运动员心理耗竭问卷》（简称ABQ）是雷迪克和史密斯于2001年研制的，共有15个题目，包括3个分量表，即情绪和体力耗竭、成就感降低、运动负评价。每个分量表包括5个题目。受试者根据自己近期的感觉，填写5级李克特量表。1~5分别表示：“从不”“很少”“有时”“经常”“总是”。情绪和体力耗竭是指在训练和比赛中情绪和体力上的超负荷甚至耗竭感，如“训练使我很疲倦以至没有精力去做其他的事”。成就感降低是指对自我的运动能力感降低，倾向于对自己做出消极评价，如“我没有取得更好的成绩”。运动负评价即运动价值感降低，如“我花在训练比赛上的努力用来做其他事可能会更好”。

《伊德斯运动员心理耗竭量表》和《运动员心理耗竭问卷》都是专为运动员设计的。目前国内还没有专门为锻炼者设计的运动性心理疲劳量表。不过对于体育锻炼参与者，可将上述量表进行针对性的修订之后再使用。

（二）反应时、两点阈、闪光融合频率

反应时、两点阈、闪光融合频率这三种测试简单易行，而且量化程度较高，常用来作为监测心理疲劳的指标。

1. 反应时

反应时是指从刺激呈现到个体表现出反应的一段时间。个体接受刺激后，会产生一个潜伏期，此时，先由感觉器官接受信息，然后由传入神经传至大脑中枢，再由中枢将指令经传出神经传导至肌肉，通过肌肉收缩引起可以观察到的反应。反应时依潜伏期刺激和反应的复杂程度而定。研究表明，人在疲劳时的简单反应时和复杂反应时会延长。

2. 两点阈

两点阈是指在皮肤上的两点承受触压时，能辨别为两点所需的最短距离。两点阈代表皮肤感觉的敏锐程度。两点阈的大小因身体部位而异。在两点阈之外，两点阈距离越远，距离的感觉越清楚。在两点阈之内，无法判断两点之间的距离。研究表明，人在疲劳时会伴有两点阈的加大。

3. 闪光融合频率

闪光融合频率也称临界闪烁频率，是指刚刚产生闪光融合感觉的闪光频率。断续的光刺激（闪光）达到一定频率（每秒钟闪烁的次数）时，人眼看到的就不再是断续的闪光，而是融合的不动的闪光，如同家中的日光灯。研究表明，人在疲劳时会伴有闪光融合频率的下降。

反应时、两点阈、闪光融合频率这三种测试的可靠性主要依赖于受试者测验时的配合程度。测试时，受试者是否认真配合是保证测验可靠、有效的关键因素之一。

二、生理生化指标的监测

（一）脑波超慢涨落图分析技术

脑波超慢涨落图分析技术（encephalofluctuogram technology，ET）的原理是我国学者梅磊和他的科研团队独创的脑电波分析技术。通过这项技术，可以推测和分析脑内的神经递质5-羟色胺的浓度升高程度。而5-羟色胺浓度的升高是导致运动性中枢疲劳的主要原因。

（二）情绪的生理生化指标

研究发现，几乎所有心理疲劳都会发生情绪变化，而且应激也是所有心理疲劳的共同诱因。

总体看来，一些主要的急性、慢性消极情绪体验的生理生化反应可以归纳为如下几个方面：肾上腺皮质激素分泌增加，脱氢表睾酮水平降低，细胞与体液免疫机能下降，血糖、血脂水平发生变化，血乳酸、尿素氮等水平升高，神经内分泌平衡紊乱等。采用这些指标可以监测心理疲劳。

不同运动中的心理疲劳监测方法有各自的优点和缺点。就目前的应用情况来看，自陈量表和脑波超慢涨落技术似乎更受研究者的青睐。总的来说，采用哪些方法检测运动中的心理疲劳更为可靠和有效，仍有待探索。但不论采用哪种方式检测，均应遵循以下三个原则：

第一，综合应用多维检测方法可能比只用一种检测方法更好。

第二，检测和评定应该是长期进行的，以便掌握动态发展趋势。

第三，对测试结果的评定应以自身对照为主，注重前后比较。

三、行为观察

运动性心理疲劳还可通过行为观察进行诊断。例如，通过观察锻炼参与者的言行举止、情绪、待人接物的态度及其自我评价，看其是否产生了倦怠、乏人性化以及运动成就评价降低等。

第三节 运动性心理疲劳的预防与消除

运动性心理疲劳是可以预防的。同时，即使出现了运动性心理疲劳，只要采取的措施得当，也是可以消除的。预防或消除心理疲劳的措施主要有以下几种：

一、设置短期目标

设置短期目标有助于避免运动中出现的心理疲劳。设置体育活动的短期目标容易使参与者更快得到积极反馈，进而维持对活动的兴趣和提高自信，减少成就感降低的可能。因此，应当帮助运动参与者设置多样化的短期目标（包括运动技术目标、身体素质目标、心理感受目标以及伤病康复目标等）。设置的这些目标应该可操作、可检验、时间短（如每天的目标、每周的目标），这样才能收到良好的效果。

二、变换练习方式

长期运动或锻炼具有不断重复的特点，它可能造成的单调感和枯燥感会对参与者产生不良影响，其主要标志便是兴趣减弱和动机下降。应对这种问题的方式之一是不断改变练习方式，如体育活动的音乐、体育锻炼的内容、身体练习的形式、锻炼场地的布置等，从而缓解和调节单调和枯燥造成的心理疲劳。

三、变换休息方式

变换休息方式的主要目的是转移参与者对体育运动本身的注意，以避免中枢神经系统不断加工单调的运动信息时可能产生的保护性抑制。应当鼓励运动参与者发展训练以外的兴趣和爱好，鼓励他们在休息时间投入自己喜欢的其他活动（如读书、绘画、编织等）。同时，还要经常参与一些有益于身心健康的休闲活动，如旅游、拓展训练活动，以丰富业余生活，防止由于过度地“单一投入”而产生心理疲劳。

四、乐于接受自我

乐于接受自我有助于减轻运动中的心理疲劳。一个人要有乐观豁达的人生态度，既能接受自己的优点，也能接受自己的缺点；既能接受自己的成功，也能接受自己的失败。这样才有助于保持良好的心态，积极进取，勇于克服困难，迎接挑战，树立自信，坦然面对自己、面对一切，降低和消除心理疲劳的感受。

五、合理补充营养

合理补充营养有助于控制心理疲劳。研究表明，吃黑芝麻、核桃仁、瓜子仁、巧克力等可以提高色氨酸的利用率，保持5-羟色胺（5-HT）的正常水平，提高抗抑郁的能力；适当补充面包、麦片等有助于保持血糖值稳定的食品；适当补充碱性食物，如各种蔬菜、水果，以免γ-氨基丁酸等代谢产物（中枢神经抑制性介质）增多。

六、寻求社会支持

寻求社会支持有助于克服运动性心理疲劳。社会支持是指他人为弱势群体在物质和精神上提供的无偿帮助，以使他们产生归属感、安全感或自尊。

研究表明，社会支持是缓解压力和减少应激的有效手段。人在高压力下和在遇到困难、挫折和严峻挑战时，寻求社会支持的倾向会提高。因此，运动参与者在遇到压力、困难、挫折和严峻挑战时，及时向教练、队友、朋友、家人寻求物质帮助、精神支持'信息反馈等，有利于避免心理疲劳的产生，或尽快消除心理疲劳。

［思考题］

①——什么是运动性心理疲劳，它与身体疲劳有什么不同？②——运动性心理疲劳发生时有哪些症状？③——你发生过运动性心理疲劳吗？主要原因是什么？④——运动性心理疲劳怎样预防和消除？

第六章　体育健身科学研究的基本方法

本章导读—— 体育健身科学研究是指对运动健身领域中的各种事实和现象进行无偏见的观察或实验，并通过分类、归纳、演绎、分析、推理或计算，从而发现或验证某种规律的操作过程。对体育健身进行科学研究对于描述锻炼健身活动的现状和特点、阐释体育活动或锻炼与身心健康的关系、探索锻炼方法的效果、促进科学锻炼等均具有重要的意义。本章简要介绍体育健身科学研究的常用方法，为社会体育指导员了解和掌握访谈、调查、实验设计的基本方法提供帮助。

第一节　体育健身科学研究概述

自古以来，人们获取知识的途径主要有迷信、直觉、推理、权威、经验和科学方法六大渠道；人们理解和分析问题的思维体系不外乎宗教、哲学、美学和科学四大体系。虽然人们通过科学方法和手段对事物规律的认识不总是对的，但科学方法仍是公认的认识世界的最可靠方法。

科学既是反映自然、社会、思维等客观规律的学科知识体系，也是解决问题或获取知识的研究逻辑或研究方式。它虽然由众多学科组成，但各门学科往往都遵循着同样的研究逻辑，使用同样的研究方法。例如，健身科学中，体育教育学、运动生理学和运动心理学都使用实验法，具体手段虽然不同，但原则和逻辑是一致的，即都是要把实验对象分组，各组之间除了导致观察指标变化的原因不同之外，其他条件都应相同；都要求公平、无偏见地观察分析各实验对象的表现等。

那么，科学方法有什么特征？科学研究分哪几个层次？健身科学有哪些常用的方法？

一、科学方法的特征

科学方法的重要特征包括可控制性、可操作性、可证伪性、可重复性和可争辩性。

（一）可控制性

要想了解所研究的问题并确定事物之间的关系（特别是因果关系），就必须尽可能在控制的条件下进行研究。虽然有时候有些事物我们无法控制或不可能控制，但对它们的讨论也仍然是有意义的。控制，在健身科学中有四种含义：受试者控制、主试者控制、条件控制和统计控制。

研究中为什么要控制？因为要想了解两个事物之间的关系，就必须通过控制，隔离其他影响两件事物相互关系的各种因素。没有控制，就无法做好定量研究。

（二）可操作性

在科学研究和学术交流过程中，解释一个关键概念时，为了消除在交流中可能产生的歧义，往往需要指明根据什么方法对它进行观察和测量。这就是给一个概念下操作定义。

一个概念同时具有抽象定义和操作定义。抽象定义是对研究问题的本质进行概括，通过内涵和外延的方式来表达；操作定义则是将所研究的问题转化为看得见、摸得着，可以实际进行定量操作的事物。

给一个概念下操作定义不仅有利于提高研究的客观性、统一性和研究结果的可比性，还有利于对研究假设进行检验。

（三）可证伪性

在健身科学研究中，研究者所提出的任何一个观点、理论或命题，都必须为旁人提供推翻它的机会，或告诉旁人去推翻它的方法。尽管它很有可能是错误的，但只有这样的观点、理论或命题才能算是科学的。科学观点、理论或命题的这种特性，叫作可证伪性。与此相反，假如一个观点、理论或命题没有告诉别人推翻自己的方法，或者不可能被推翻，或者想推翻它也无从下手，那么这个观点、理论或命题虽然可能是完全正确的，但不能算是科学的。

当然，不具有可证伪性的观点、理论或命题，虽然不能算是科学的，也未必就是错的。一些公理或常识也对健身活动具有指导作用。例如，锻炼中，运动量的选择应因人制宜。

（四）可重复性

科学研究的结果需要重复，也必须重复。科学研究的结果应该能由他人在同样条件下经过观察再次得到，这是举世公认的判断科学与否的标准之一。但在有些情况下，很难完全复制前人的研究条件。例如，人们对体育锻炼的态度常常会随着内外环境的变化而改变，因此使心理学对态度的研究结果在很大程度上受到情境的影响，但控制好研究的情境，是做好这类研究必须努力争取做到的事情。

（五）可争辩性

科学研究与宗教或迷信的重要分水岭就是学术问题允许争辩，也鼓励争辩。科学研究崇尚质疑和反叛，并以此为自豪。没有质疑，就没有创新、进步和发展。

在科学研究中，专家、大师或权威之所以受到人们的尊敬甚至崇拜，是由于他们先前在相关学术领域中的创造和贡献。然而，任何专家、大师或权威的学术成果都可以被争辩、反驳或质疑、批判。在学术面前，学者们在精神上是完全平等的。

二、科学研究的层次

健身科学的研究工作，是在三个不同的层次上进行的。这三个层次分别是描述性研究、关系性研究和实验性研究。不同层次的研究具有不同的目的、功能和方法，相互不能取代。

描述性研究是从现实存在的诸多事物中，通过适当的方法收集和分析资料，从而了解情况和发现问题的方法。它回答的是"是什么"的问题。现状和特征研究多属描述性研究。例如，"男子约28%、女子约17%有长期锻炼的习惯"就是对锻炼行为的现状描述研究。

关系性研究是了解事物（或变量）之间相关关系的研究。进行这类研究时，需要建立研究假设来说明研究的方向和内容，需要控制无关因素（无关变量）的影响。

同时，还可以采用数理统计的方法分析研究变量之间的关系。显然，这类研究回答的是“是什么”或“将怎样”的问题。例如，“对体育运动的喜爱程度与个人实际的锻炼行为仅存在中度的相关（r=0.53）”就是体育态度与锻炼行为的关系研究。

实验性研究是在控制无关因素（变量）的情况下，在受试者身上操纵自变量（影响因素），通过受试者的反应（身体的、心理的、行为的）来观察因变量（观察指标、实际效果），以探求自变量与因变量之间函数关系的研究方法。它的目的是检验自变量与因变量之间是否存在因果关系，即回答“为什么”或“将怎样”的问题。例如，“12周的瑜伽健身操锻炼可显著提高中年妇女的身体自我观念，却不能有效降低她们的整体焦虑水平”就是探讨体育锻炼影响心理健康的实验研究。

当然，实验可以分为现场实验和实验室实验。现场实验是在真实的社会背景中，尽可能地控制无关变量，通过操纵自变量来观测因变量的变化，从而揭示自变量和因变量之间因果关系的一种实验方法；实验室实验是在实验室中进行的实验。两者各有特点：现场实验由于接近真实生活场景，因此研究的结果便于推广和应用，但由于对实验条件的控制性相对较差，所以，研究结果的严谨性相对较低；实验室实验由于对实验条件的控制性相对较好，因此研究结果的严谨性相对较高，但由于相对远离真实生活场景，因此研究结果的可推广性相对较差。研究者究竟采用现场实验还是实验室实验，需根据研究任务和现实条件来确定。

三、体育健身科学研究常用的方法

锻炼健身科学是一个学科群，涉及运动人体科学、运动心理学、体育学、体育社会学、体育管理学、体育法学等众多学科领域。本章无法详细探讨每个学科众多独立、独特的研究方法，只能简要介绍社会体育指导员在实际工作中最常使用的研究方法，如访谈法、问卷调查法和实验法。社会体育指导员只有同专业科研人员密切协作，并经过反复的亲身实践，才能在锻炼健身科学的研究中获得良好的研究效果。

（一）访谈法

访谈法是调查研究的一种常用方法。它是调查者通过对调查对象的访问交谈，加深对所要研究的事物的了解，以获取第一手资料和信息的一种研究方法。例如，为了研究“全民健身路径”建设的实际效果，研究者可以分别对“全民健身路径”的建设者（体育主管部门的负责人）和管理者（某些社区的物业负责人）、经常利用“全民健身路径”进行健身的居民，以及不使用“全民健身路径”的居民进行面对面的访谈，了解他们对这些设施建设的态度、使用情况、效果评价以及意见和建议等第一手资料。这种方法的主要优点是调查对象在回答问题时不受固定规则的限制，这不仅有利于调查者掌握研究的第一手资料，还可能给调查者带来额外的启发。主要缺点是研究工作需要较多的人力、物力和时间；调查对象容易受调查者的影响；调查结果的精确程度较差且应用范围易受限制。

（二）问卷调查法

问卷调查法是研究者运用统一设计的书面问卷，向被选取的调查对象了解情况或征询意见的研究方法。例如，为了研究“青年白领”的生活习惯与参加体育锻炼的关系，研究者可以通过设计好的问卷，对数百甚至数千名35岁以下的白领工作者进行调查，了解他们每天实际工作的时间、睡眠时间、饮食习惯、吸烟及饮酒情况，以及参加体育活动的情况等。在回收问卷之后，把问卷上的所有信息转换成为数字，然后运用统计学方法来计算这些数字之间的关系，看究竟是哪些因素与不参加体育锻炼的关系更为密切。这种方法的主要优点是便于对结果进行定量分析；节省人力、物力和时间；调查对象不易受调查者的影响。主要缺点是对调查对象的文化水平有一定的要求；只能获得书面社会信息，不能获得生动具体的社会信息；问题的答案较固定，因此容易遗漏重要信息，也难以做出深入的定性分析。

（三）实验法

实验法是进行实验研究所采用的唯一方法。这种方法的主要优点是能够对客观事物进行有控制的观察，因而所得结果更为客观、可靠，离事物之间的因果关系更近。主要缺点是设计的难度较大，研究过程的费用较高，有时还会由于过度控制而使研究结果与实际生活相差较远。

第二节 访谈法

当在锻炼健身科学的研究中采取调查方式收集研究资料时，可以通过研究者自己或通过专门培训与聘用的调查人员面对面地访谈被调查者来实施。这样的访谈既不同于新闻采访、政策咨询，又不同于工作汇报，而是具有较规范的做法、形式和进行规则的资料收集方法。

一、访谈的形式

（一）个别访谈与集体访谈

这是根据每次同时访谈的对象人数来分类的。个别访谈是指研究者每次仅找一两个被调查对象单独进行访谈的方法。它主要被用于抽样调查和个案调查，也可用于典型调查和全面调查（普查）。集体访谈是指研究者每次同时找多个被调查对象进行访谈的方法，如开调查会。

（二）结构式访谈与非结构式访谈

这是根据访谈内容的设计方式来分类的。结构式访谈是指按事先设计好的结构式问卷进行访谈的方法，即通过专门的访问员进行的问卷调查。非结构式访谈是指不按结构式问卷而只按一定题目和内容进行的较为松散、自由的访谈。这种访谈有时也要依据一个访谈提纲，但这类提纲也只是指明要询问哪些问题而不规定怎么问和发问的顺序。结构式访谈是抽样调查以及全面调查中常用的访谈方法。凡大型的抽样调查和需要收集统一、标准化资料的全面调查，都必须采用结构式访谈。典型调查与个案调查既可用结构式访谈，又可用非结构式访谈。不管哪种调查，如果不是采用个别访谈，而是采用集体访谈，就只能用非结构式访谈，不能用结构式访谈。因为结构式访谈极为死板，不利于集体座谈和参与人畅所欲言；而非结构式访谈却十分灵活，还可采取讨论、争论等形式进行，从而使它取得结构式访谈无法取得的效果。

（三）重访式访谈与非重访式访谈

这是根据研究者就同一问题与访谈对象接触的次数分类的。当研究需要了解访谈对象在相隔一段时间后，态度、观点、行为、心理等发生变化的情况时，就需要对同一访谈对象至少进行两次访谈。这种与同一访谈对象进行两次或两次以上接触的访谈，叫重访式访谈。非重访式访谈是指只需进行一次的访谈。

二、访谈的准则

一切访谈都是由研究者或访问员实行的，因而访谈的质量和结果除了要受被访人的影响外（被访人愿不愿合作、认不认真等），在很大程度上还要受访问人员的素质、工作作风与态度影响。研究者在决定采用访谈法收集资料后，需要编写书面的访谈内容或访谈提纲，制订访谈细则，并在实施中严格执行。如果不是亲自完成访谈任务，还需要挑选、聘用和培训访问员，并在实施访谈的过程中进行必要的指导和监督。

为了保证访谈的顺利进行和访谈质量，防止和减少工作中的差错，研究者和访问员必须严格遵守以下工作准则：

（1）样本不能更改和替代。在调查中如发现找不到原定的访谈对象（样本）或遭拒访的情况，便只能做放弃处理，不能任意另找其他访谈对象代替。

（2）在访谈过程中不得对访谈对象有任何诱导。访问者应严格按照问卷顺序和问题的提法向调查对象提问，原则上不自行解释问题。若问题需要解释，其范围不能超出调查细则所作的说明。这样做的目的是使访谈过程对所有的访谈对象公平。

（3）访问时，访问者应诚实、准确地记录访谈对象对问题的答案，不抱偏见。对问卷中的主要问题和关键问题，应复述主要精神，请访谈对象核对。对于没有听清、没有理解或无把握的问题或数字，也要重述核对。访谈的原始记录要保留到整个研究完全结束以后，必要时应请访谈对象签字认可。

（4）调查中的疑难问题应由调查负责人决定如何解决，访问员只能诚实记录或标识，不能自作主张。其目的在于保证访谈资料的标准化和一致性。

（5）在进行集体访谈时，访谈对象必须由各方面的人组成，不能只挑选某一方面的人参加。访谈进行时，主持人应不抱任何偏见地听取各类人的意见，不能偏听偏信，并要让与会者都能毫无顾忌与毫无拘束地发言，防止少数人垄断会场。对与会者的一切发言，主持人都应抱中立的态度，不能暗示自己的倾向。

三、访谈数据的分析与访谈结果的归纳

访谈数据是指所有的访谈记录。对访谈数据的分析是研究者根据研究的目的，对访谈数据进行汇总或计算，获得访谈结果的过程。而对访谈结果进行进一步的提炼和升华，得出研究结论的过程，就是访谈结果的归纳。

对于结构式访谈的数据，由于有事先设计好的、结构完整的问卷，所以需要按照预定的问卷数据处理方案进行。对于非结构式访谈，数据处理的方式主要是内容分析。内容分析的方法虽比较复杂，但主要步骤如下：

（1）将所有的访谈记录（访谈笔录、录音或影像资料等）整理成文字版（可以是电子版），以便逐词、逐句地进行汇总或统计分析。

（2）根据研究目的和任务的需要，确定对访谈记录的分类或统计标准。

（3）结合相应的专业知识，逐个或逐条确定每个重要词句的类别归属。这个过程有时需要进行多个轮次，有时需要多名研究者（或专家）分别独立归类和汇总。在汇总时如遇不同意见，需要进行讨论，讨论后再各自独立进行分类，直至意见基本一致。

（4）对确定的类别归属进行统计和汇总，计算出各个类别出现的频次（或百分比），然后进行数量化分析。

访谈结果的归纳，就是在上述分析的基础上得出访谈的结论。进行结果归纳时应注意以下两个问题：

（1）在结论中不要重复结果的内容，结论应该来自结果，是结果的提炼和升华。

（2）结论应尽可能简明，不要再讲产生结论的原因。

例如，研究者在研究影响学生参加体育锻炼的因素时，对180名大、中学生进行了访谈，访谈的内容是要求访谈对象就“我不进行身体锻炼是因为……”说5句话。研究者在分析了527个句子的访谈内容之后，将不参加身体锻炼的原因分为两个大类和12个小类，还有一些句子无法归类，但比较少，研究者将它们归于“其他原因”（表6-1）。

▶表6-1　阻碍学生参加身体锻炼的因素的频次统计

类别	亚类别	频次	百分比（%）
“客观”方面	没有余暇时间	102	8.39
	没有场地、器材	50	4.11
	没有经济条件	10	0.82
	没有人指导	8	0.66
	身心已很疲惫	118	9.7
	没有锻炼伙伴	20	1.64
	身体受伤或有病	58	4.77
“主观”方面	没有兴趣	32	2.63
	有惰性	38	3.13
	身体好用不着锻炼	5	0.41
	自己不宜参加身体锻炼	22	1.81
	没心情进行身体锻炼	50	4.11
其他方面		14	1.15
总计		527	43.34

表6-1呈现的就是研究的结果，而这项研究的结论是：“身心已很疲惫”（118次）“没有余暇时间”（102次）“身体受伤或有病”（58次）“没有场地、器材”（50次）以及“没心情进行身体锻炼”（50次）是学生不参加身体锻炼的五大“原因”；学生总是倾向于为自己不参加体育活动找“客观”原因。

第三节　问卷调查法

问卷调查法是社会体育调查中最常用的资料收集方法。问卷的形式是一份精心设计的问题表格，其用途主要用来测量被调查者的多种行为、态度和社会特征。

一、问卷的主要类型和基本结构

问卷可以根据不同的分类标准划分为多种类型：

根据被调查者是否以书面方式回答问题，可分为访问问卷和自填问卷。访问问卷通过当面、电话、视频或互联网等访谈方式进行；自填问卷需要被调查者自己对调查内容进行书面填答。根据被调查者收到问卷的方式，又可分为邮寄问卷、发送问卷和互联网问卷等。

根据问卷中问题的答案是否固定，可分为开放式问卷和封闭式问卷。开放式问卷是答案相对开放、不固定的问卷，主要用于定性研究；封闭式问卷的答案设计比较固定，调查对象只能在相对封闭的范围内选择答案，主要用于定量研究。

专门用于调查人的主观感受、态度、信息加工或行为反应过程，经过更为精密的设计，具有明确的理论框架，且具有较高的信度、效度指标的封闭式问卷，可以称作心理量表或心理测验。

调查问卷的结构由封面信、指导语、问题、答案、编码等组成。

（一）封面信

封面信的内容包括：调查者的身份、单位、姓名、电话，调查的内容、目的、意义以及保密措施等。封面信的长度一般以不超过300字为宜。在心理测验中，为了防止被调查者出于某种期待而猜测问题的答案，常常不在封面信中详细说明研究的目的。

（二）指导语

指导语的内容包括填答问题的方法、要求、注意事项，以及问卷回收的方法等。

（三）问题与答案

1. 封闭式问题

被访者可以在给定的答案中选择一个符合自己具体情况和意愿的回答。这类问题填写方便，可做定量分析研究，但容易发生偏误，答案呆板。封闭式问题常用的答案设计有以下几种形式：

（1）二择一式：即问题的答案只有“是”和“不是”，如“你过去是运动员吗”？回答只有“是”或“不是”。

（2）李克特量表：即把答案分成等级，由填写者挑选，如答案是“很满意、比较满意、无所谓、不很满意、不满意、很不满意、说不准”7个等级，或左、中、右3级，或左、偏左、中、偏右、右5级。也可以把对某一事物的判断分成5个或7个数量级，如从最美到最丑分成5个级别，由填写者做级别判断。

（3）多项选择：即每个问题给出的答案至少在两个以上，回答者可根据自己的情况选择其一，也可以根据要求选择3项或任意多项。

（4）清单式：即允许填写者选择若干答案，并按照优先顺序排列出来。

（5）矩阵式：即将同一类型的若干问题集中在一起，构成一个问题的表达方式。这种设问方式可以节约篇幅，也可以方便填写。

（6）填空式：即在问题后面画一横线，让回答者填写。

2. 开放式问题

开放式问题是不为回答者提供具体答案，由回答者自由填答的问题，如“您对全民健身计划有什么看法？”这种问题可提供事先想象不到的信息，但回答时花费时间较长，对回答者的文字表达能力要求较高。这种问题一般用于收集原始资料阶段或用于小规模试验调查。这类问题与封闭式问题混用时，可以引起被访者的兴趣和自信心，被称为社会调查的开关器。

（四）答案的编码

为了方便对数据的后续统计处理，需要依据一定的规则对每个问题的答案赋予一定的数字，这就是对答案进行编码。例如，调查对象的性别如果是“男”赋值为“1”，“女”赋值为“2”；可将调查对象坚持锻炼的年限“5年以上”的赋值为“5”，“3~5年”的赋值为“4”，“1~3年”的赋值为“3”，“3个月~1年”的赋值为“2”，“3个月以下”的赋值为“1”，“不锻炼”的赋值为“0”；可将问题“在小区里建设游泳池是浪费土地”的答案“赞同”设为“1”，“说不清”设为“0”，“反对”设为“-1”等。

二、问卷设计的基本步骤

（一）增强感性认识，做好前期准备

在明确了研究目的和任务之后，问卷设计之前，需要通过查阅资料、实地观察、访问交谈等方式，了解调查对象的一些基本情况，如年龄层次、文化水平、生活背景、所关注的问题甚至语言习惯等。这样才能使问卷的语句和内容更加贴近调查对象。如果不了解调查对象的背景，有时设计的问题会使调查对象难以回答。例如，欲调查城市老年人（60岁或以上）的体育锻炼态度及其影响因素，就应该考虑他们退休后的生活背景、对健康的关注程度、生活中是否有寂寞孤独感、家庭结构和关系的复杂性等因素。

如果要对人的某些心理状态或特征进行调查，还需要把前人已有的心理测验题目作为自己调查问卷中的题目来源之一，供必要时参考。

（二）设计好调查问卷的整体框架

前面已经说过，调查问卷的基本结构由封面信、指导语、问题、答案、编码等组成。对于这些内容，在设计问卷时应该形成一个整体的框架，明确整个问卷的逻辑结构和调查顺序，必要时应画出框图。

整体框架的核心是问卷的问题设计。问题至少应包括两大部分：一是分类问题（人口统计学变量），主要用于将调查对象分成不同的组别或类型，如性别、经济收入等级、职业类型、年龄段、锻炼年限、健康状况等；二是正式问题（观测变量），主要用于了解调查对象的态度、行为、认识、情感等方面的表现（反应）。

两类问题的设计均应紧紧围绕研究任务进行，特别是正式问题，在框架设计时就需要考虑好题目的数量、答题时长、各层次问题的比例、答案的类型、后续编码

的方式以及统计处理的方法等。

（三）设计问卷初稿

往框架中充实问题和设计问卷初稿是问卷设计的核心部分。操作时应注意以下问题：

1. 编写问题的原则

（1）要使用通俗的现代语言表述题目，语义简明清晰，不含歧义。

（2）题目不要过多，以调查对象能够在半小时内答完为宜。

（3）题目的表述不能带有感情色彩，不能伤害调查对象或第三方的感情。如指名道姓的批评或侮辱性词句。

（4）题目不能带有倾向性、诱导性，如“你认为体育强国应具备哪些条件？”其实，有不少人是不认为存在“体育强国”这个概念的。这样设问就等于把“体育强国”的概念已强加给了回答者。

（5）不要用否定形式提问，如“你是否不赞成推行全民健身计划？”这是不妥当的，因为不符合人们的问话习惯。

（6）不要“一题两问”，即在一句话中不能问两个问题，因为它常使回答者无法回答，如“你是否喜欢机灵而又民主的社会体育指导员？”事实上机灵的社会体育指导员未必一定民主。

2. 问题的编排顺序

（1）容易回答的问题放在前面，敏感性和开放性问题放在后面。

（2）对后面问题有启发意义的可安排在前面。

（3）顺序的安排要有逻辑性，要尽量使答题者在回答每一类问题时的状态相同。

（4）避免形成回答定向。

（5）将检查信度的成对问题分开。

（6）处理好双向列联问题。例如，表6-2所表示的就是一个双向列联问题。

3. 答案设计的原则

答案的设计是问卷设计的难点之一，在设计时要注意以下几个问题。

▶ 表6-2 请在你赞同的空格内划“√”

特点/活动项	24式太极拳	健美操	瑜伽健身操
1.感觉舒服			
2.节省时间			
3.充满乐趣			
4.快慢适当			
5.充满活力			

（1）答案要包括所有的可能情况，答案之间不能相互重叠或相互包含。

（2）要根据研究的具体要求，确定测量层次。例如，假如调查研究的目的只是了解社区居民对建设游泳池的态度，则问题“在小区里建设游泳池是浪费土地”的答案设计只需三级，即“赞同”“说不清”和“反对”；假如研究目的是要精确区分社区内不同类型的居民对建设游泳池的态度层次，则这个问题的答案设计可能需要五级，即“完全赞同”“比较赞同”“说不清”“比较反对”和“坚决反对”。

（3）如果使用李克特式等级量表，答案之间的差别需让调查对象容易清晰识别。例如，问题“当别人因经商占用了你的锻炼场所，你的愤怒程度如何？”答案选项设计有两种：一种是“0”代表“无动于衷”，“100”代表“不可控制的愤怒”，请问你选择的数字是几？另一种是“0”代表“无动于衷”，“36”代表“不可控制的愤怒”，请问你选择的数字是几？显然后面一种是不好的，因为调查对象难以区分0~36之间每个梯度的差别。

（4）答案应方便编码。这是为了便于输入计算机操作。在设计问卷时，可预先编码，也可以事后编码。

（四）问卷的试用和修改

试用和修改问卷的目的是为了提高问卷的可靠性（信度）和准确性（效度），避免因设计时的失误而造成损失。试用的方法有两种：一种是小样本预调查，即根据回收率、有效回收率和填写错误率对问卷做出客观判断；另一种是请该领域内的专家、学者、典型被调查者阅读和分析问卷，并给出对问卷的评价。也可以两种方法同时使用。在试用过程中，如发现调查对象无法理解、难以回答或答案几乎一致等问题，应及时修改问题的表述方式；如发现调查过程中出现厌倦、敷衍、看不清版面等问题，应及时对封面信、指导语、奖励机制、问卷长度以及版面设计等问题进行修改。

经过试用和修改后的问卷，就可以正式发放和实施调查了。

三、问卷的发放与回收

发放问卷的形式有很多，可以采用邮寄发放、亲自发放、代理发放、报刊发放、互联网发放等多种方法。

具体发放方式的选择，一要考虑提高问卷的回收率（如邮寄发放可以预先准备好调查对象回寄时的信封和邮票），二要考虑答案的可信性和准确性（如为确保调查对象亲自填答问卷，就不能采用邮寄、报刊或互联网方法）。

影响问卷回收的因素主要有调查者的权威性，调查对象的特点，调查对象对问题的兴趣，问卷的长度，答题的难易程度，为回收问卷所设的奖励等。

问卷回收率是影响社会调查效果的重要指标。回收率是问卷回收数与发放数的比例，一般最少要达到60%，该项调查才有效。问卷回收后，还要剔除无效问卷，如有明显错答、漏答的问卷。问卷的有效率等于有效问卷数与回收问卷数的比例。在撰写调查报告时，必须标识出问卷回收率和问卷有效率。

四、调查数据的分析与调查结果的归纳

对调查数据的分析是研究者依据调查的目的，对问卷调查所获得的数据进行汇总或计算，获得调查结果的过程。而对调查结果进行进一步的提炼和升华，得出调查结论的过程，就是调查结果的归纳。

数据分析的过程主要是运用数理统计法，按照研究计划和问卷设计的框架，逐个专题或逐个问题地对所收集到的有效数据进行归类和汇总。数据分析的主要议题

大体上有三个方面：一是描述总体状况；二是探索变量之间的关系；三是分析行为的原因。数据分析所使用的具体统计方法依研究任务而定，既可以是描述性统计，也可以是推论统计；既可以是参数统计，也可以是非参数统计。

研究者根据专业知识对统计计算所得的结果进行解释，就可得到调查研究的结果。与访谈法一样，调查结果的归纳就是在对调查结果分析的基础上得出调查的结论。调查结果归纳时应注意的问题与访谈研究相同。

第四节　实验法

关于实验法的概念、特点等问题，本章已在前面有所阐述。实验法被认为是探索和揭示事物之间因果关系的最有效的方法。在锻炼健身科学研究中，常常使用实验法来考察某种健身活动所带来的健康效益、经济效益或社会文化效益等；或者考察某项政策、措施或某个事件对公众心理、行为、态度的影响。本节将简要阐述实验法的基本要素及操作步骤。

一、实验法的基本要素

由于实验法都是按照某种因果假设设计的，是在高度控制条件下，通过人为操纵某些因素，以检定两种现象之间是否存在因果联系的研究方法。因此，作为一种特定的研究方式，实验法涉及三对基本要素：自变量与因变量；前测与后测；实验组与控制组。

（一）自变量与因变量

自变量是在因果关系设计中作为原因的变量，是实验者呈现给受试者的刺激（也称实验处理），是在实验者的操纵和控制下改变的变量。因变量是在因果关系设计中作为结果的变量，是受试者对于实验刺激做出的反应，是由于自变量的影响而发生改变的变量。

（二）前测与后测

在实验时，为了检验某个自变量引起因变量变化的假设，通常在自变量发生作用之前先对因变量进行第一次测量，即前测；在自变量发生作用之后又对因变量进行第二次测量，即后测。然后比较因变量前后两次测量的结果，将因变量前后测之间的差异看作是自变量影响的结果。这就是实验法常用的基本推理逻辑。

（三）实验组与控制组

实验研究中，为了排除或者平衡无关变量（可能影响因变量的变化，但与研究目的无关的变量）对实验结果的影响，研究者常常设立实验组和控制组（对照组）。实验组是在实验过程中接受实验刺激的那一组对象；控制组是在各方面都与实验组相同，但不接受与目的相关的实验刺激的那一组对象。

实验研究之所以常常设计控制组（一个或多个），是为了排除那些在前后测的差异中不属于实验刺激的影响，然后确认自变量真正能对因变量造成的影响有多大。

二、实验法的基本操作步骤

（一）准备设计阶段

（1）选定问题，提出因果关系假设。

（2）确定自变量或因变量。

（3）界定取样范围或方法。

（4）确定因变量及测量工具。

（5）确定控制变量的方法。

（6）选择实验设计类型。

（7）制订检验假设的方案。

（二）实施阶段

（1）控制无关变量或干扰变量。

（2）调节实验进程。

（3）记录实验情况。

（三）总结评价阶段

（1）分析整理资料。

（2）形成研究结论。

（3）撰写实验报告。

三、实验设计应注意的主要问题

实验设计的核心问题是最大限度地保证实验组与控制组除了实验条件之外其他因素的完全相同。为此，随机地选取受试者，并对他们进行随机分组是一种重要方法。如果实验是以统计处理作为分析数据的主要方法，那么随机选取受试者和随机分组就显得更加重要，因为多数统计技术是以数据的随机化为前提条件的。

随机化的方法只能使不同组的受试者在统计上相等，但并不意味着在其他方面一定相等。为此，实验研究有时也采用匹配受试者的方法。具体做法是将所有受试者按照某一个或多个特征的相似性进行配对，然后随机地把每对受试者分配到实验组或控制组中。

第五节　研究报告的写作方法

研究报告是锻炼健身科研成果的集中体现，撰写质量的好坏直接关系到研究质量的高低和研究结果对社会作用的大小。要想撰写好研究报告，必须了解撰写研究报告的一般特点和类型，掌握研究报告的格式、结构和写作方法。

一、研究报告的特点

研究报告是反映研究成果的书面报告。它具有以下特点：

（一）针对性

研究报告应该目的明确、有的放矢。要明确撰写研究报告的目的是要解决什么问题，同时明确它的读者对象是谁。

（二）真实性

撰写研究报告时，要尊重客观实际，以大量具体可靠的实际材料为基础，真实地反映客观现实。所引用的事实必须是真实的，而不是虚假的、歪曲的；必须是具体的，而不是抽象的、笼统的；必须是准确的，而不是模糊的、含混不清的。

（三）新颖性

任何研究报告都应该引用新颖的事实，提出一些新的观点，形成新的结论。只有这样的研究报告才能达到提高人们的认识和指导人们行为的目的。为此，研究报告的内容应尽量突出未知领域的内容，淡化已有的知识。

（四）时效性

研究报告回答的一般都是现实问题，因此必须讲究时间效果。研究报告错过时机，不能及时回答人们迫切需要回答的问题，就会失去应有的作用。

二、研究报告的类型

根据研究报告的使用目的划分，可将研究报告分为应用性研究报告和学术性研究报告。前者是以解决锻炼健身活动中的现实问题为主要目的的研究报告；后者则是以揭示锻炼健身科学的本质及其发展规律为主要目的的研究报告。

三、研究报告的基本格式

一份完整的研究报告一般应由标题、前言、主体、结尾四个部分组成，有的研究报告还有附录。

（一）标题

标题即题目。标题的写法灵活多样，无论采取哪种形式，都要求概括、新颖、简明、对称。同时，题目应是研究内容的唯一表达方式，要尽量让读者一看便知这项研究的对象、主要内容和大致研究方法。研究报告的题目长度一般不超过20个汉字，如确需超过，则应考虑使用副标题。例如，“我国西北地区回族群众健康生活习惯的调查”就是一个比较好的报告题目；而“中国国民体质监测研究”就不是一个好的报告题目，因为在这个题目下，研究的具体内容可有多种选择。

（二）前言

前言是研究报告的开头部分，没有固定的模式，采用哪种方法要根据研究报告的种类、目的、主体部分所使用的材料以及报告的篇幅来决定。主要有以下几种方法可供使用：

（1）主旨直述法，即在前言中说明研究的目的和宗旨。这有利于读者把握研究报告的主旨和基本精神。

（2）情况交代法，即在前言中着重说明研究工作的具体情况。这有利于读者了解进行研究工作的历史条件和研究工作中的具体情况，多用于大型的研究报告。

（3）结论前置法，即在前言中先将研究结论写出来，然后再在研究报告的主体部分加以论证。

（4）提问设悬法，即在前言的开头首先提出问题，给人设下悬念。

（三）主体

主体是表现研究报告的重要部分。主体部分的写作要考虑以下3个因素：表现主体的需要；反映研究材料的情况；结构安排。

结构是研究报告的骨架，是研究报告的材料、观点和各个组成部分的排列组合方式。主体部分的结构主要有以下三种形式：

（1）纵式结构：按照事物发展的历史顺序和内在逻辑来叙述事实，阐明观点。其优点是事实有头有尾，过程清清楚楚，便于做到历史和逻辑统一，便于使人了解事物发展的全过程。

（2）横式结构：把研究的事实和形成的观点按其性质或类别分成几个部分，并列排放，分别叙述，从不同的方面综合说明研究报告的主题。其优点是问题展得开，论述较集中，而且观点明确、条理清楚，有较强的说服力。

（3）纵横交错式结构：纵式结构与横式结构结合使用。这种交错式的结构可以纵为主，也可以横为主。

（四）结尾

根据研究报告的内容不同，结尾的写法也有所不同。主要有以下几种写法：

（1）概括全文，深化主题。即概括地说明研究报告的主要观点，进一步深化主题，以增强研究报告的说服力和感染力。

（2）总结经验，形成结论。即根据调查或研究的实际情况，总结出工作的基本经验，形成调查的基本结论。

（3）说明危害，引起重视。即根据调查或研究的情况，说明某一现象或问题的严重性和危害性，以便引起有关部门的重视，有的还针对性地提出解决问题的措施。

（4）指出问题，提出建议。即根据调查或研究的情况，指出当前存在的问题，提出改进工作的具体意见和建议。

（5）展望未来，指明意义。即由点及面，由此及彼，扩展开来，指出本项调查或研究的意义所在。

（五）附录

在研究报告的正文中包括不了或没有说明到而又需要说明的情况和问题，可放在附录部分，如有关材料的出处、参考资料和文献、统计图表的注释和说明，以及旁证材料等。

掌握了以上关于研究报告的一般常识，就可以动手写作了。研究报告的写作要经历提炼主题、选择材料、拟订提纲、形成书面报告等环节。

[思考题]

①——科学研究分几个层次？实验法与非实验法的主要区别是什么？②——访谈有哪些准则？访谈数据的归纳有哪些主要步骤？③——问卷设计中应注意哪些问题？请设计一份社会体育调查问卷。④——实验法有哪三个基本要素？请设计一个检验某种健身方法效果的实验。⑤——撰写研究报告需要突出哪些特点？

第七章 体育人群协会、公共服务体系管理及社会体育管理创新

本章导读—— 体育人群协会、体育行业协会等组织是发展社会体育的基本组织形态，是全民健身工作的基本环节，是开展各类健身活动的重要保障。体育公共服务直接关系到人民群众的身体健康和生活质量，事关人民群众最关心、最直接的利益问题，也是在社会体育领域实现社会公平和均等化的重要保障。上述问题都是国家级社会体育指导员需要准确掌握的。社会体育的体制创新和机制创新也是国家级社会体育指导员应该全面了解的。本章主要介绍体育人群（行业）协会的基本特征、基本方式及组织的发展与改革趋势；阐释体育公共服务体系建设的基本结构、运作体制和管理方式，以及社会体育体制、机制创新及管理方式创新等内容。

第一节　体育人群（行业）协会的管理

体育人群协会是指根据人群特征组成的、为了达成共同体育目标而开展活动的社会组织，如社会体育指导员协会、老年人体育协会等。体育行业协会是指由行业内人员组成的、为了达成共同体育目标而开展活动的社会组织，如铁路、林业、邮电等。体育人群协会成员的同质性强，便于开展有针对性的体育活动。体育行业协会有企业组织的支持，在活动经费等方面有一定的保障。随着全民健身活动的不断深入开展，体育人群（行业）协会所发挥的作用也越来越大，对我国群众体育事业发展具有重要意义。

一、体育人群（行业）协会的基本特征

（一）非政府性

与体育行政部门相比，体育人群（行业）协会具有较强的“非政府性”。一般而言，体育人群（行业）协会在经登记审批并取得社会团体法人资格后，除在业务上接受相关体育行政部门的指导监督外，其他管理主要以自我管理为主，在协会制度、协会日常管理、协会组织机构设立等方面都表现出较强的“非政府性”。

（二）非营利性

体育人群（行业）协会具有非营利性，其成立的目的不是为了谋求利润。当然，这不是说它不能产生利润。体育人群（行业）协会可以收费，在某些时期内还可能会有盈余，但这种盈余必须为协会的基本宗旨服务；不能在其所有者和管理者中进行分配，这是非营利组织与以追求利润最大化为目的的营利性组织的最大区别。体育人群（行业）协会以公益性事业为主，属于非营利组织，这是它的一个主要特点。

（三）自愿性

对体育人群（行业）协会而言，自愿性是其最突出的一个特点。在体育人群（行业）协会的组建过程中，人们为了达成共同的目标而在一起，是在完全自愿的基础上形成的。另外，协会成员的参与也是自愿的，缴纳会费和开展活动的费用等也是自愿的，不存在任何外来的强制性。

二、体育人群（行业）协会管理的基本方式

当前，我国体育人群（行业）协会管理的基本方式主要是“政府扶持，协会运作”的双系统管理方式。这是由我国国情和体育人群（行业）协会的自身特点决定的。我国正处在社会转型时期，协会工作的开展（如经费、场地等方面）需要政府的大力扶持。同时，体育人群（行业）协会自身的“非政府性”“非营利性”决定了当前体育人群（行业）协会必须采取“政府扶持，协会运作”的双系统管理方式。具体做法如下：

（一）配合好政府指导与监管

政府指导与监管是指政府对体育人群（行业）协会的扶持，为体育人群（行业）协会发展创造良好的外部环境，使体育人群（行业）协会工作的开展有方向、有依据，政府发挥其在体育人群（行业）协会发展中的指导扶持与宏观管理。在政府主导下，体育人群（行业）协会要配合好政府的指导和监管工作。具体而言，体育人群（行业）协会应重点配合好政府在推动体育健身业务方面的扶持工作，主

要内容包括制订体育健身的长远发展规划和年度工作计划，提出工作目标和任务，在政府的支持和帮助下搞好体育健身场馆建设，配备有关器材设施，派遣体育指导员，组织体育健身管理培训，用好体育健身经费等。与此同时，体育人群（行业）协会还应配合政府做好推动落实党和国家关于体育健身方针政策方面的指导和监督工作。

（二）发挥好自我管理优势

相对于配合好政府指导与监管工作而言，体育人群（行业）协会还应立足自身，加强自我管理，在协会制度、日常管理、宣传激励等方面发挥自我管理的优势，促使组织体系不断完善，充分发挥体育人群（行业）协会在国家体育事业中的作用。具体而言：

1. 完善工作组织管理机构

为使体育人群（行业）协会工作有序、有效开展，必须完善工作组织管理机构，并根据需要在工作进展的不同层面和阶段设立组织机构，完成多级管理网络构建，促进各项工作的有效开展。

2. 规范工作，保证体育人群（行业）协会工作有效开展

体育人群（行业）协会的工作要坚持求真务实，以规范化的体育人群（行业）协会建设为要求，全面开展各项工作。具体来说，主要是做好以下工作：做到工作有计划、有总结，适时检查工作中的不足与优点；做到日常管理制度健全，完善会议制度、活动制度、财务管理制度、设施管理制度等各项管理制度，使体育人群（行业）协会工作有据可依，有章可循；做到工作活动记载详尽，体育人群（行业）协会组织的各项活动都要注意做好记录，使各项活动记录真实、有效，资料和档案充足、齐全；深入了解所属的健身团队，做好对健身团队的管理工作，加强健身团队的归属感。

3. 开发好体育人群（行业）协会的活动场所

开发好体育人群（行业）协会的活动场所，要做好资源的整合，在充分发挥自有活动场所效用的同时，注意发挥社会资源的优势。具体而言，一方面要加大对体育人群（行业）协会自有活动场地的开发利用，给参与体育人群（行业）协会的成

员提供更多的活动场所；另一方面要加强与社会资源的沟通交流，实现自有资源与社会资源共享的良好局面，保障体育人群（行业）协会成员充分开展体育活动的需求。

4. 开展好体育健身活动

开展好体育健身活动可以更好地满足体育人群（行业）协会成员的健身需求。在开展活动的过程中，可以以重要节日、重大事件等为活动载体，大力开展成员喜闻乐见的体育健身活动；也可以充分利用节假日等余暇时光，推出相应的体育健身活动，吸引更多的人加入体育人群（行业）协会；还可以多组织体育人群（行业）协会内部健身组织之间及内部健身组织与外部其他体育健身组织之间的交流活动，不断丰富体育人群（行业）协会开展体育健身活动的形式。

5. 管理好体育人群（行业）协会健身团队组织

一方面，应加强对体育人群（行业）协会健身团队组织的宏观指导和帮助，在团队管理、活动组织等方面给予大力支持和协助，不断完善健身团队的自我管理，提升管理水平。另一方面，应关注体育健身团队组织骨干力量的发展。积极为健身团队组织的骨干提供各类培训，不断提高健身团队骨干的素质水平，并通过骨干“传、帮、带”的形式，吸引广大群众参加到体育人群（行业）协会队伍中，不断增加体育人群（行业）协会成员的规模。

三、体育人群（行业）协会的改革与发展

随着我国体育工作的进步与提升，体育人群（行业）协会也得到了很大的发展，各类体育人群（行业）协会如雨后春笋般层出不穷，在我国体育事业中发挥着各自不同的作用。尤其是近年来，全民健身工作深入开展，体育人群（行业）协会更是凸显了其在群众体育发展中的特殊地位和作用。但随着社会和我国体育事业的不断发展，尤其是在目前“管办分离”的趋势下，体育人群（行业）协会改革已迫在眉睫，只有随时调整思路，才会得到更好的发展。

（一）体育人群（行业）协会的改革

当前，体育人群（行业）协会的改革主要集中在两个方面：一方面是改革管理思路，建立健全组织体系，管理与服务并举，适应在“管办分离”背景下有效开展体育人群（行业）协会的各项管理工作；另一方面是改革经费来源，随着我国市场经济体制的不断成熟，体育产业也得到了大力发展，体育人群（行业）协会要在“非营利”思想指导下，大力开发自身的“无形资产”，走“实体化”道路，以适应市场经济发展趋势和潮流，更好地促进体育人群（行业）协会的发展。

（二）体育人群（行业）协会的发展

1. 进一步承担体育的社会管理职能

随着政府“管办分离”改革的趋势，体育行政部门的社会管理职能逐步转移到社会组织。体育人群（行业）协会逐渐成为社会与体育行政部门间的桥梁，担负起体育的社会管理职能。

2. 协助体育行政部门建立民主决策和管理机制

体育人群（行业）协会成员来自不同的基层组织，协会不仅能够通过他们了解特定人群的体育健身需求，还可以寻求满足基层需求的解决方案。因此，他们可以从不同角度向体育行政部门提供信息、政策咨询和改革建议。客观上讲，这些工作对体育行政部门的决策、管理和实施起到了民主决策作用，同时也为体育行政部门管理科学化提供了新的途径。

3. 建立规范的组织管理网络，提高工作成效

根据体育人群（行业）组织本身及成员的结构特点，不断建立和完善组织管理网络体系已成为组织发展的必然。从全国到省市（区），到地市县，再到街道（乡镇），甚至基层社区，都要建立相应的体育人群（行业）组织，形成一个多层次、多元化的规范有序的组织管理网络系统。各级组织都有一定的责权利，协同发展，使体育人群（行业）组织的目标明确，渠道畅通，成效显著。

4. 有效平衡体育工作开展过程中的各类矛盾

当前，我国社会处在转型时期，社会阶层分化促使社会需求出现多样化，在公共服务供大于求的情况下，难免会出现各种社会矛盾，体育也不例外。体育人群

（行业）协会在发展过程中要发挥体育的平衡作用，通过体育活动化解各类矛盾，对和谐社会建设起到积极的促进作用。

5. 促进区域交流与合作

随着全球化发展趋势的加强，人们在体育文化活动、体育项目、体育管理等方面的交流需求不断增强，体育人群（行业）协会将在发挥区域间人群（行业）交流与合作上发挥重要作用，扮演重要角色。

第二节　体育公共服务体系管理

体育公共服务直接关系到人民群众的身体健康和生活质量，事关人民群众最关心、最直接的利益问题。我国明确提出了要建设覆盖城乡的比较完备的公共服务体系，对社会事业发展给予了前所未有的高度重视。体育公共服务体系是公共服务体系不可缺少的一个组成部分，大力加强体育公共服务建设，建立覆盖城乡全体居民的比较完善的体育公共服务体系，为广大人民群众提供多元化、多层次的全民健身服务，对提高人民群众的身心健康水平和生活质量具有重要意义。

一、体育公共服务体系的基本结构

体育公共服务体系是指以政府为主导，以提供基本而有保障的体育公共产品和服务为主要任务，以全体社会成员分享改革发展成果为基本目标的服务组织、服务设施及服务保障的总称。公共服务体系基本结构主要包括以下几部分：

（一）体育公共服务组织

体育公共服务组织包括政府部门、社会体育事业单位、非营利性体育公共服务机构等。

政府部门是指各级政府体育行政部门及其他相关部门。体育行政部门主要负责制订全民健身实施计划，构建体育公共服务体系，提供体育优惠政策和资源保障，对公共体育活动进行管理等。其他相关部门负责制订相关领域的全民健身实施计划，参与体育公共服务体系建设，为体育公共服务提供优惠政策和资源保障，对相关领域的公共体育活动进行管理等。

体育事业单位是指县及以上地区有编制的社会体育服务管理机构，如社会体育指导（管理）中心等。其主要职能是接受体育行政部门委托，承担大中型公共体育设施服务和重大社会体育活动的组织及社会体育管理工作。

非营利性体育公共服务机构是指非政府的专业化社会体育服务组织，如社会体育指导员协会等。其主要职能是协助政府开展体育服务，在政府的授权和委托下，独立开展特定的专业化体育公共服务。它是当前体育公共服务体系建设的主要依靠力量之一。

（二）公共体育设施服务

公共体育设施服务包括社会体育场馆服务、社区体育设施服务两大类。由于目前我国公共体育设施资源有限，一些公办单位的体育设施也被用于公共体育服务，如学校体育设施等。

社会体育场馆的设施条件较好，由专门服务人员进行服务，比较正规，服务质量相对较高。

社区体育设施主要指小型的公共运动场、健身广场、健身路径等基础性健身设施，为社区居民提供基本的健身服务。社区体育设施服务一般由社区志愿者组成业余服务组织进行服务和管理，如交给社会体育指导员组织或社区体育俱乐部进行管理。随着社区体育设施建设的深入，对社区体育设施服务的要求也在提高，社区体育设施服务向专业化方向发展已成为趋势。

随着学校体育场馆和设施对社会开放的范围逐渐扩大，社会体育设施资源的有效利用成为体育设施服务的新课题。相关部门要着力解决学校体育设施在对社会开放过程中的损耗、管理、安全等问题，并且通过学校体育设施开放，加强青少年与社会体育的接触与衔接，实现学校体育与社区体育的优势互补，推动全民健身的发展。

（三）体育健身组织服务

体育健身组织服务是指为公民提供有组织的体育健身活动服务。目前，我国提供的基层体育健身组织服务主要有社区体育俱乐部服务和单项运动团队服务两种类型。

社区体育俱乐部一般接受街道（乡镇）行政机构的委托，对社区居民开展综合性体育服务。其主要任务是根据居民的体育需求，把他们组织起来，互帮互学，共同开展健身活动。由社区体育俱乐部主管体育设施，开展大中型社区体育活动，实施健身团队管理，是基层体育健身组织服务的主要形式。

单项运动团队服务是指按运动项目进行分类的基本健身活动组织方式，是社区体育日常活动的重要组织形式。由于健身项目种类繁多，单项运动团队服务内容也十分丰富，是基层体育健身组织服务的基础，对促进全民健身的发展具有重要的作用。

（四）体育指导服务

体育指导服务是指为公民提供体育健身咨询、体育健康促进教育、健身技术指导等服务的总称。体育指导服务主要由社会体育指导员组织承担，国家及地方政府负责社会体育指导员培训和管理，并为体育指导服务提供保障条件。提供体育指导服务的人员要加强自身业务能力的提高，充分发挥在体育健身咨询、体育健康促进教育和科学健身指导工作等方面的作用，提高群众进行科学健身的能力。

（五）体育活动服务

体育活动服务是指为公民提供体育健身、运动竞赛、健身交流、健身教学等多种体育活动服务。日常体育活动服务主要由社会体育指导员组织、社区体育俱乐部以及各单项运动团队提供，政府主管部门提供政策和资源等方面的支持。节日体育活动、重大体育活动等则由政府主管部门安排，社会体育服务组织参与活动。

随着全面建设小康社会的进程和人民生活水平的提高，人们对丰富体育活动内容的需求不断增长。因此，大力提倡体育项目创新，积极研发适合不同人群的新型体育项目，吸引更多的人群参与体育活动将成为体育活动服务的重要任务。

（六）体质监测服务

体质监测服务是指为公民提供体质测试、体质评价和运动计划等服务内容的总称。我国一般在地级及以上地区设立体质监测服务中心，负责地区居民体质监测；在县及一些街道（乡镇）设立体质监测服务站，为社区居民开展体质监测服务。社会体育指导员应学习有关体质测试知识，了解体质监测服务体系，积极参与体质监测工作，并根据居民体质监测结果调整体育指导方法，促进居民体质健康发展，引导居民关注体质健康，并学会通过健身来促进健康。

（七）信息咨询服务

信息咨询服务是指利用广播电视、网络、报纸杂志、电话等多种媒体形式为公民提供体育咨询、体育情报、体育宣传等服务内容的总称。信息咨询服务要利用现代媒体技术，构建体育公共服务平台，方便社会民众获得体育公共服务信息。社会体育指导员要了解体育信息咨询服务的内容，掌握必要的信息检索和处理技能，熟练运用互联网等多媒体技术为社会民众提供信息咨询服务。

二、体育公共服务体系的运作方式

体育公共服务体系应采用整体发展方式，建立以体育公共服务体系为主体，体育公共服务保障系统、支持系统为两翼，社会体育公共服务平台为基础的运作方式。其中，体育公共服务体系涵盖体育设施服务系统、体育指导服务系统、体育活动服务系统、体育组织服务系统、体质监测服务系统、体育信息服务系统六大系统，其主要职能是确保大众基本体育公共服务需求。体育公共服务保障系统包括体制保障、机制保障和法制保障，其主要职能是为实施各项服务保驾护航。体育公共服务支持系统主要包括技术支持系统、环境支持系统和舆论支持系统，其主要职能是确保体育公共服务体系能够有效运作。

（一）体育公共服务体系支持系统

为提高体育公共服务质量，应创造良好条件，在技术、环境、舆论等方面给予充分支持，确保体育公共服务体系的有效运作。

1. 技术支持系统

科学健身有赖于科学技术的支持，从体育公共服务的角度看，主要包括不断进行技术改良、加强体育公共服务的科学研究和体育科技成果的转化与推广工作等。技术改良指不断改进运动技术和指导方法以及运动器材装备，使体育健身更加有效。科学研究是指建立体育公共服务评估系统，对体育公共服务过程进行科学分析，并深入研究发现的问题，确保体育公共服务的顺利开展。成果推广是指引进和开发适合不同人群的新型体育项目，积极开展和推广有价值的体育研究成果，扩大群众的受益面。

2. 环境支持系统

我国正推行环境友好型社会建设，体育公共服务体系也应加强环境方面的建设。从体育公共服务的角度看，主要包括政策鼓励、环境友好、人文关怀等。政策鼓励是指制订鼓励参加体育活动和开展体育公共服务的政策，动员更多的人参与体育活动和体育公共服务。环境友好是指创造人与自然和谐、具有节约资源和保护环境作用的体育环境，使人们可方便、惬意地进行体育活动。人文关怀是指创造轻松愉快的体育氛围，实行人性化管理，让参加者感受到舒适和温暖。

3. 舆论支持系统

目前，人们的健身意识还不够强烈，选择体育生活方式的意志还不够坚定。因此，有必要通过舆论宣传，提高人们参与体育的意识。从体育公共服务的角度看，主要包括改变健康观念、加强媒体宣传、形成健身意识等。改变健康观念是指将过去单一的身体健康观转变为身体、心理、社会多维健康观，将仅重视食补、药补的健康观转变为也重视健身的体育生活观念。加强媒体宣传是指通过互联网、广播电视、报纸杂志等媒体渠道，宣传体育健身和体育健康促进方面的知识，形成强大的舆论氛围。形成健身意识是指建立科学健身意识和健康生活方式，使体育融入生活，促进体育生活化进程。社会体育指导员在此系统中要发挥积极作用。

（二）体育公共服务体系保障系统

体育公共服务体系的顺利运行除需要支持系统外，还要有保障系统为其保驾护航。因此，应从体制、机制、法制等方面建立完整的体育公共服务保障系统。

1. 体制保障

从体育公共服务的角度看，体制保障主要包括组织、设施、经费等方面的保障。组织保障是指行政组织与社会体育组织的积极参与。行政组织不仅应在体育公共服务中起主导作用，还应在社会体育组织建设和管理方面发挥作用；社会体育组织是开展体育公共服务的主体，应在组织专业化、网络化建设上下功夫，提高体育公共服务的质量。设施保障是指以公共体育设施（包括学校体育设施和社会体育设施）为主的多层次、多元化服务网络。经费保障是指以财政拨款（包括社会资助、服务经营收入等）为主的多渠道经费来源，以保证体育公共服务的需要。

2. 机制保障

从体育公共服务的角度看，机制保障主要包括运行机制、激励机制、市场机制等。

（1）运行机制是指处理体育公共服务体系运行过程中各要素间关系的方式。例如，从提供服务者与接受服务者的关系看，是一种非营利性服务方式，所以应以自助和互助为主要服务机制；从体育组织间的关系看，应采用协作与协商机制；从体育公共服务质量控制角度看，应加强评估与监督机制。

（2）激励机制是指通过采用一定的激励措施，调动各方参与社会体育的积极性，保证体育公共服务的顺利进行。从提供服务的立场看，利益驱动的激励机制具有重要作用。这个利益驱动可以是经济方面的（如补贴制度等），也可以是精神方面的（如表彰等)。从接受服务的立场看，满足需求的激励机制具有重要作用。接受服务的过程其实就是一个满足需求的过程。需求得到满足后会产生良性激励作用，否则，将会产生不良作用。从整个服务体系看，应通过角色分工的激励机制来提高工作效率。对各类体育公共服务组织实行分工负责制，不仅可以提高服务体系的组织化程度，还可以激发工作人员的责任感和积极性，有利于提高体育公共服务的质量。

（3）市场机制是指从调节供求关系入手，满足大众日益增长的体育需求的过程。例如，体育公共服务成本核算机制的运用有助于计算服务的投入产出比，进行经济核算，从而提高体育公共服务的效益；竞争机制的运用有助于改变“等、靠、要”等依赖性思维模式，如通过提高服务质量来提高资质等级，获得更多补贴等；多元化机制的运用有助于改变单调的社区体育格局，促使服务的细分，形成服务多样化局面；主体性机制的运用有助于确立体育参与者的主体地位，形成自主性、公平性、个性化的市场特征。

3. 法制保障

从体育公共服务的角度看，法制保障主要包括制度保障、管理保障、监督保障等。

（1）制度保障是指通过制度创新，健全体育法规制度，形成依法治体的局面，保障体育公共服务的稳定性。要在现有体育法规制度的基础上，加快体育立法的速度，以保证体育公共服务体系的有序发展。从制度层面看，基层体育组织的培育与支援制度、体育设施建设管理制度、社会体育指导员培养制度等都是当前迫切需要解决的课题。

（2）管理保障是指体育的法治管理应以保护大众体育权益为重点，加强对儿童少年、妇女、老年人等弱势群体的保护与照顾。资源配置的公平性和对自主性活动的支持等方面是管理的重点。

（3）监督保障是指通过监督来纠正依法治体过程中产生的偏差，保证体育公共服务体系向预定方向前进。监督主要从三个方面进行：一是对权力运用的监督，即对是否滥用行政委托的管辖权及是否权力过分集中等问题的监督；二是通过对体育管理人员及体育组织骨干的考核，监督其在服务活动过程中的守法行为；三是通过增加服务过程的透明度来监督体育公共服务，如公布年度服务计划和经费额度、财务公开等。

（三）社会体育公共服务平台

体育公共服务体系采用“一门式窗口服务”方式，建立社会体育公共服务平台，方便大众获得体育公共服务。该平台包括互联网、电话热线、大众信箱、广播电视、报纸杂志等多渠道信息沟通网，大众可以通过体育公共服务平台查询体育信息，寻求各种体育公共服务。如果在接受服务中有不满意的，也可以通过服务平台进行投诉，并由体育公共服务保障系统协调解决投诉问题。体育公共服务平台采用首问负责制，大众只要通过某个渠道向服务平台提出诉求，接受单位就应负责解答和解决问题。

三、体育公共服务体系的管理方式

体育公共服务体系一般采用专业化管理方式。

（一）成立专门管理机构，负责体育公共服务体系的运作管理

要做好体育公共服务体系的运作管理工作，应成立体育公共服务的枢纽组织和专门服务管理机构。枢纽组织（如体育总会等）负责全面协调和管理体育公共服务事宜。专门服务管理机构（如体育俱乐部、单项体育协会、体育指导员组织等）负责开展专项服务和管理。各专门服务管理机构在独立开展服务的基础上，与其他专门服务管理机构合作共同推进体育公共服务水平的提高。在产生问题与矛盾时，可通过枢纽组织进行协调和调解。

（二）实施专业化服务管理方式

政府应加强对体育公共服务管理机构的培育，实施专业化服务管理方式。首先，要通过岗位培训提高服务人员的专业水平。例如，通过加强社会体育指导员队伍建设，提高社会体育指导员的专业水平和业务能力，提升体育指导服务的专业化水平。其次，要采用专业化管理方式。例如，建立专业化管理机构，招聘专业服务人员，制订专门服务制度，实施专业化服务管理方式，提高服务效率和水平。

（三）加强体育公共服务人才队伍建设

这主要是指建立体育公共服务人才培养体系，开展经常性培训活动，加强对已经获得资格的服务人员的岗位培训，提高体育公共服务人员的专业水平和业务能力。

第三节　社会体育管理创新

社会体育是随着社会发展而变化的，《全民健身条例》颁布以来，我国社会体育已进入快速发展时期，全民健身活动蓬勃发展，社会体育趋向社会化、生活化、

科学化、简易化。为了更好地满足广大人民群众多元化、多层次的体育需求，必须加快社会体育体制、机制创新，保障和促进人民群众体育权利的实现。

一、社会体育的体制创新

我国社会体育正处于由计划经济向市场经济过渡的时期，目前存在计划成分与市场要素并存的混合体制，而体制创新追求的是由计划体制向市场体制的转变。我国社会体育体制创新主要包括以下四方面内容：

（一）建立以政府主导、社会参与的管理体制

政府要加快职能转移进程，实施管办分离、政事分开、政企分开，真正实现政府从包办体育为主向管体育为主转变。政府的侧重点是制订和实施政策法规与社会体育发展战略，监督和评价社会体育的实施过程。同时，采取引导、扶持培育等方式，加快社会体育组织的发展，使其成为社会体育任务和事务性工作的主要承担者，形成了一个统分结合、各尽所能的高效率的体育管理体制。

（二）加大社会体育投入，合理配置公共体育资源

政府必须制订专项财政政策，对社会体育事业提供财力支持，对人民群众的健身场地、器材及日常运行经费提供基本保障，为各类公益性社会体育项目提供财政援助。同时，还应制定激励政策，调动社会各方面的力量，充分发挥市场配置资源的作用，这是提高市场化程度的主要措施。另外，还应鼓励社会向社会体育事业提供捐助，争取社会力量参与。

（三）培育社会体育组织参与体育公共服务

社会体育是全社会的事业，政府将转变职能，加大社会体育组织的扶持和培养力度，推进体育社会化进程，逐步建立以社会体育服务组织为主体的体育公共服务体系，扩大体育公共服务的覆盖面和服务深度。

（四）营造社会体育发展的法制环境

政府相关部门要健全社会体育法规制度，努力形成依法治体的良好环境。目前，应在现有体育法规制度的基础上，加快社会体育有关立法的进程，以保证社会

体育有序发展。尤其是社会体育组织参与体育公共服务、社会体育指导员人才队伍培训制度等都是亟待解决的问题。

二、社会体育的机制创新

随着社会阶层的变化和市场经济的发展，社会民众对体育需求的多元化已成为现实，单一方式已不能满足人们多元化、多层次的需求，因此，必须加强社会体育机制创新。

（一）社会体育运行机制创新

要充分发挥政府、社会体育组织等在社会体育中的作用，理顺各方关系，必须创新社会体育运行机制。政府要加强对社会体育的领导，克服计划经济体制下群众体育单位化方式，打破条块分割格局，坚持"条块结合、以块为主"的原则，理顺社会体育建设的组织系统，调整各类组织的运作方式，培育各方共建社会体育的运行机制。从社会体育发展的全局出发，打破原先单位的分割与封闭状态，加强各类组织之间的协调与合作关系，采用协作与协商机制。积极探索非营利服务方式，实施以自助和互助为主的服务机制。

（二）社会体育激励机制创新

社会体育激励不同于计划经济时代的群众体育激励方式。要采用一定的激励措施，调动各方面的参与积极性，保证社会体育的顺利进行。正确利用好利益驱动的激励原则，来促进各类社会体育组织参与社会体育。例如，采取经济补贴制度的方式，激励和引导社会体育组织的发展，对考评合格的社会体育组织给予固定的补贴资金。另外，可以划拨部分奖励资金，对每年表现优异的体育团队给予相应的奖励，引导社会体育组织的良性发展；也可以采用精神方面的激励。对各类社会体育组织实行分工负责制，不仅可以提高服务体系的组织化程度，还可以激发工作人员的责任感和积极性，有利于改善服务质量。

（三）创新社会体育资源的优化配置机制

创新社会体育资源的优化配置机制，避免有限的体育资源浪费、重复配置和利用率低下等问题。首先，要盘活社会现有体育资源并充分发掘其功能，改变体育资源闲置、利用率不高甚至被挪作他用的状况。其次，在新增体育资源的规划上，要有全局和长远眼光，避免体育设施因功能单一而不能有效发挥作用的状况，也要避免因追求大而全导致体育设施建设重复的局面，从而最大限度地减少体育资源的浪费。加强社会体育资源的合理流动，互通有无，优势互补，实现体育资源在社区体育建设中的最大效应。

三、社会体育的管理方式创新

随着我国经济、社会的快速发展，社会体育呈现出多元化、多层次发展态势，计划经济背景下群众体育整齐划一的方式已不能满足社会民众多元化、多层次的体育需求。因此，社会体育的管理方式必须进行创新。

（一）创新体育项目，实行项目化管理

通过引进、开发新体育项目，促进社会体育管理创新。积极开发、引进深受群众欢迎、有较好健身作用的新体育项目，实行项目负责制。由项目组织对参加培训、指导、组织活动等人员实施有效管理。

（二）创新宣传方式，加强社会体育管理

针对体育活动参加者及社会民众重点开展体育法律法规宣传，如宣传《体育法》《全民健身条例》等法律文件，以增强人民群众从事体育健身活动的法律意识。也可以利用墙报、报纸、网络等多种媒体，开展体育法律法规宣传。同时，积极借助“全民健身节”“全民健身周”等大型公众体育健身活动，开展体育法规政策宣传，增强人们依法健身的意识和行为。

（三）创新活动组织形式，增强自我管理能力

随着社会体育管理的属地化，社区体育成为主导，所以必须创新社会体育组织形式，如社区体育健身俱乐部、体育健身团队，必须大力培育、扶持和发展此类自我服务、自我管理、自我发展的社会体育组织形式，使社会民众参与体育活动更加就近、方便，服务更加细致、周到。同时，应提高社会体育的组织化程度和自我管

理能力。

（四）搭建健身团队活动平台，培育一支精干的管理队伍

随着经济、社会的快速发展，人们对体育健康的需求日益高涨，人们大多选择居住地、社区等场所的体育健身团队参与活动，但这也加大了社会体育管理的难度。因此，必须打破原有群众体育的单位化方式，为体育健身团队正常活动开展提供条件，如活动场所协调、器材存放处、电源供应装置等，特别是要注重对健身团队负责人的培育，打造社会体育志愿者队伍，逐步形成多元化的社会管理服务主体，真正使体育成为人们调节心情、丰富生活的重要内容。

（五）推进制度创新，鼓励社会力量参与社会体育管理

构建社会各方平等参与社会体育事业的环境，应积极推进相关方面的制度创新，克服目前的一些政策和制度障碍，鼓励支持社会力量兴办社会体育事业，逐渐完善相关政策，放宽“准入门槛”，并有相关的制度和法律保障。例如，放宽参与社会体育事业的社会体育组织在财税、人事、职称等方面的政策限制，发挥其在社会体育服务与管理中的作用。

［思考题］

①——体育人群协会的组织特点包括哪些方面？②——体育公共服务体系的基本结构包括哪些内容？③——体育公共服务体系运作应采取何种方式？④——社会体育的机制创新体现在哪些方面？

第八章　体育工作规划制订与专题研讨会管理

本章导读——　国家级社会体育指导员应该具备参与制订区域性的全民健身条例实施方案、组织召开体育专题研讨会和开展全民健身活动的调查研究工作的能力。本章重点介绍编制体育工作规划的基本内容、步骤、要点以及注意事项；阐明了体育专题研讨会的类型、开展方式、要求及注意事项；明确了开展全民健身活动调查的基本指标和基本方法。

第一节 体育工作规划

一、体育工作规划的基本内容

规划是具体的行动和活动的安排与方案，即预先确定如何做、何时做、由谁做。规划包括组织的使命、目标、工作流程、政策、程序、规则、预算等。体育工作规划是指导社会体育工作发展的战略性和纲领性文件，对于保障体育健身活动有序进行和可持续发展具有重要的宏观指导作用。体育工作规划一般包含以下几个内容：

（一）指导思想

相关部门应围绕国家和政府的中心工作，根据体育工作的方针政策以及《全民健身条例》有关精神，确立社区体育健身活动管理工作的重心，形成一个具体的中长期体育健身活动指导思想。要写明制订规划的总依据，概述制订规划的依据、根据、目的和意义，以及完成规划的重要性、必要性。

（二）发展目标

目标是指一定时期内要完成的任务和完成任务应达到的指标要求。各社区应根据指导思想确立中长期社区体育健身活动的具体目标。没有目标的健身活动是盲目的，只有确定了目标才能有组织、有方向、有节奏地朝着目标迈进。

（三）任务和要求

相关部门应根据目标明确体育工作规划各个阶段的具体任务及要求，即做什么。这部分是体育工作规划的核心，也是奋斗的目标和方向。规划中如果不提任务和指标，那就没有制订规划的必要。任务包括两个方面：一是总的任务和指标，即指明规划期内要达到怎样的要求；二是具体任务指标。总的任务要概括写，具体任务应分项分条写。这样可以使人看了一目了然，做到心中有数、目标明确。

（四）具体措施和步骤

措施是指完成任务应采用的具体方法；步骤是指工作的程序和时间安排，即怎样做（工作任务步骤和措施）。措施和步骤是健身活动规划的重点，也是任务部分的延伸。没有任务，就谈不上措施；没有措施，任务就是空中楼阁。任务和措施是体育工作规划最重要的两大部分，二者相互依存、不可缺少。写措施时，可梳理成几条来写，可用一、二、三、四序数词，也可用小标题，把措施之间隔开，重要的放在前面，尽可能写细写实，便于执行单位操作。至于不太重要的措施，可概括地写，一笔带过，也可省略不写。

（五）监督检查

管理机构要加强对体育工作规划执行的监督和检查。当然，监督和检查不是对执行情况的硬性干预，而主要是看规划的实施是否体现了规划的战略意图和规划实施的程度，特别是要对活动进程和一些重大活动项目的实施情况做必要的了解和掌握，提出相应的意见和建议，以确保社区体育工作规划能按照既定的时间节点得到贯彻落实。

（六）经费预算

相关部门应基于目标、任务和采用的方法措施，做好经费预算，为体育工作规划的实施打好坚实的物质基础。

二、制订体育工作规划的步骤及要点

（一）制订体育工作规划的步骤

制订中长期工作规划有以下几个步骤：

1. 确立目标

目标是具体行动的出发点和最终归宿，是制订规划的前提。在实施中长期社区健身活动规划之前，必须要有一个大致的规划和设想，明确社区健身活动的任务和基本要求。例如，有的社区开展体育健身活动主要是为了丰富社区居民的业余文化生活，促进社区居民的身心健康，融洽社区居民的感情和增进友谊；有的社区开展体育健身活动主要是为了参加市、区组织的健身竞赛活动；还有的社区组织开展体育健身活动主要是为了烘托节庆假日的气氛、扩大社区的影响等。各社区的目的不同，方法各异。所以在确立目标时应注意以下原则：

（1）从实际出发原则。制订社区体育健身活动规划时，首先要分析社区居民的实际情况，根据社区居民的实际需要确立合适的目标。避免在实际操作过程中出现不必要的麻烦和浪费社区的资源，甚至于最终不能实现社区体育健身工作的最终目标。

（2）合理性原则。俗话说“过犹不及”，意思就是事情做得过头，就跟不做一样。这句话充分体现了适宜程度的重要性。确立目标也是同样的道理，目标不能定得太高或太低。目标太高，通过长时间的努力始终达不到，会动摇组织者坚持开展活动的信心和动力；目标太低，组织者很轻易就能达到活动目标，会让组织者觉得没有挑战性，难以充分调动其积极性。所以目标要确立得恰如其分，既要使目标具有挑战性和刺激性，又能保证通过长期努力后最终可以达成目标。

（3）简明易懂原则。确立的目标应清晰明了，尽可能用一些明确的量化指标表示，群众看到目标就能明白该朝着什么方向努力，并清楚离目标还有多远的距离。这样可以把遥远抽象的目标具体化，让组织者可以清楚地感受到每一次活动之后对社区体育健身工作所产生的积极影响，让组织者信心饱满地持续投入工作。

2. 分析客观环境

客观环境具体包括社会政治环境、经济发展水平、国民教育水平、科技发展水平、人口与自然环境、风俗文化、民族传统习惯、宗教信仰、当前体育事业发展情况等。只有充分了解未来实施规划时所处的各种环境，即实施规划的假设条件或者是实施规划的平台，才能制订出符合实际情况并能顺利达成的目标，也才能提前预测将来会遇到的有利因素和不利因素，从而最大化地利用有利因素，发挥优势，努力把各种不利因素转换成无害因素或有利因素，节约资源、人力、物力、时间。避免走不必要的弯路，扬长避短，为以后高效完成目标奠定基础。

3. 整合资源

开展社区体育健身活动需要依赖良好的活动场地、器械设备、资金、人力、信息等资源，有了资源的保障，才能规划社区体育健身活动的规模、规格、活动内容、活动方式等。因此，规划制订者要善于与相关部门建立良好的关系，获得相关部门对社区体育健身活动规划的支持，筹措活动开展所需经费，并对各项活动需要的资源进行合理分配，以确保社区健身活动规划不会因为物质环境因素而受到不必要的影响。

4. 提出方案

一个成熟的规划制订之前，首先得有几个备选方案作为参考。因为备选方案的质量对于最终方案的质量有很重要的意义。为确保备选方案的质量，首先要注意是否有明确的掌握目标，并以目标为中心，避免方案偏离主题而浪费精力；其次要了解有多少途径可以达到目的，从中选择消耗最少、阻碍最少的捷径；最后要综合评估各备选方案，制订出最完美的工作规划。

制订方案有以下几点要求：

（1）完整详细。备选方案应把所有可能的方案囊括进来，充分考虑到影响健身的所有因素，这样才能在做出最终选择的时候有尽可能多的资料做参考。

（2）相互排斥。不同方案之间必须有原则性的差异，两种方案不能有相同的行动措施，或是两个方案是解决同一问题的两个因素。即备选方案不能出现雷同，否则就会失去参考价值。

（3）相互可比。每个方案都应根据已有的指标体系、评价标准和约束条件，含有具体的数据来反映方案的功效，便于决策者做出选择。

5. 选择方案

结合实际情况，详细分析所有备选方案的优势和劣势，从中选取最合适的方案或者综合所有备选方案的优势，重新制订一份新的方案。

在选择方案时，能否选择出最佳方案，决策者的作用非常重要。正如辩证法所说，人类认识和发现规律，并用这种认识指导实践，即应用客观规律来改造自然和改造社会，为社会谋福利。方案是死的，组织者是活的，这就要求组织者要充分发挥自己主观能动性，根据自己的经验、知识、才能进行选择和判断。在选择方案时，组织者应注意下列三个问题：

（1）正确处理与建言者之间的关系。一个人的见解毕竟有限，作为组织者要广开言路，虚怀纳谏。不依靠建言者的组织者不是一个好的组织者，反之，被建言者所左右的组织者也不是一个好的组织者。因此，组织者要综合分析建言者提出的意见和自己的想法，选出最佳方案。

（2）组织者必须用战略的、系统的、长远的观点，根据已有的评价和指标体系综合评估备选方案。

（3）组织者必须清醒地认识到主观因素可能会对决策造成的影响。因此，组织者应有意识地通过长期的组织活动培养自己正确的决策能力。

（二）制订体育工作规划的要点

制订体育工作规划时要注意以下要点：

1. 明确目标

在制订工作规划之前，首先要有一个大致的规划和设想。目标要简洁明了，一目了然。只有目标明确，才能保证接下来的工作都朝着正确的方向前进。

2. 重视差异性

制订社区中长期健身活动规划时，首先需确定健身群体的综合情况，清楚健身群体的年龄、健康状况、健身需要等各方面指标。这样才能做到“对症下药”。例如，有的人脂肪较多、耐力差，则可选择以游泳、跳绳、长距离跑或走等有氧代谢为主的耐力性项目；有的人身体瘦弱、肌肉不发达，则可选择以哑铃、实心球等为主的力量性项目。健身者健身目标不同和个体差异决定了健身计划的不同。简单来说，在制订社区中长期健身规划时，应具体问题具体分析，一切从实际出发。

3. 科学性

工作规划是控制工作过程的基础和标准，是顺利进行体育工作的保证。在制订规划的时候，必须重视对中长期体育工作的客观规律、原则、特点的认识和把握，科学合理地安排运动强度、运动时间和运动频度等关键要素，并随时关注健身方面的最新消息，确保规划的科学性。

4. 创新性

社区中长期体育健身活动规划的内容要有新意。如果规划的指导思想、任务措施、方法手段等都是老套套，那么这个规划可以不要。对一个社区来说，要有新项目、新指标、新措施、新亮点。

5. 预见性和可行性

制订体育工作规划时，要对未来一段时间或一个时期做出科学的预见，如基础条件如何、前景如何、目标高低、措施怎样等。对各种可能出现的情况，必须要有一个清醒的认识和正确的估量。没有科学的预测，也就没有规划。制订规划就是为了执行。对未来的预测应建立在客观实际的基础上，切忌盲目地、无根据地制订规划。这样才能使规划有可行性。

6. 指导性和可变性

制订任何一项规划都必须要有明确的目的，即在一定的时间内完成什么任务，获得什么效益。这也就成了工作的方向和依据，并具有很强的指导性、规范性和约束性。社会在不断发展，情况在不断变化，这对事先制订的规划来说，很难准确无误地进行预测。因此，规划能不能完成，要从主客观两个方面去总结。如果在执行规划的过程中，客观情况发生了变化，就要适时地对规划予以修订。所以规划既有指导性，也有可变性。

三、制订体育工作规划的参用指标

（一）支持系统类指标

1. 人均全民健身经费额

全民健身经费是指规划期内用于组织开展全民健身活动的全部实际支出。既包括用于组织开展全民健身活动的直接支出，还包括间接用于组织开展全民健身活动的一切支出（全民健身组织机构的管理费、维持全民健身组织机构正常运转的必需费用和与组织开展全民健身活动有关的基本建设支出）。人均全民健身经费额是指一个地区在一定时期内的全民健身经费与该地区人口总数之比。

经费是开展社会体育活动的物质保证。任何一个社会体育部门在为社会做出一定贡献的同时，也必然会耗费一定的资金。社会体育经费的多少，固然会受到一个地区经济发展程度的制约，但仍然可以在一定程度上反映一个地区对全民健身发展的重视程度。社会体育经费数量直接反映了社会体育系统的投入经费状况，影响社会体育活动开展的规模和效果。各地区用人均全民健身经费额指标进行对比，可以剔除人口数量差别的影响，更确切地反映一个地区的全民健身经费对全民健身发展的支持程度。

2. 人均拥有体育场馆面积

体育场馆是指专门用于体育训练、比赛和健身活动，有专人管理和一定投资的体育建筑设施，是用于经营性和非经营性、比赛训练和体育健身、长期闲置和临时被占用的体育场地。

体育场馆是进行体育健身和开展社会体育文化活动的重要条件与场所，是宝贵的体育资源，是发展体育事业的重要物质载体。体育场馆的发展规模和水平是反映一个地区体育发展规模和水平的“窗口”，是一个地区综合实力和社会发展水平的标志之一，在社会主义精神和物质文明建设中有着重要位置，发挥着重要作用。

3. 全民健身科研和培训投资占总投资的比例

科研可以科学指导全民健身发展，培训可以提高全民健身工作人员的素质。因此，科研和培训可以为全民健身工作的开展提供理论上和技术上的支持，可以为全民健身工作持续稳定的发展提供动力。因此，发展社会体育必须重视全民健身科研与相关培训。全民健身科研和培训投资占总投资的比例指标既直接反映了对全民健身科研和培训工作在经济上的投入，又间接反映了在思想上的认识水平和重视程度。

4. 专业管理人员占管理人员的百分比

管理人员是社会体育管理系统整体行为的指挥者和主导者。其任务是通过有效地执行管理职能，合理组织和协调社会体育系统的各项要素，充分利用社会体育的资源，高效率地实现社会体育的目标。其中，管理者的核心职能是决策，社会体育管理人员素质的高低直接影响着社会体育系统决策的科学性，进而从整体上影响着社会体育的发展。因此，社会体育管理人员的质量是衡量体育发展水平的重要指标之一。

5. 人均体育支出占总消费比例

体育支出是消费结构中用于改善人们的健康状况、优化生活方式、提高生活质量的重要部分。体育支出的增加促进了社会消费结构的优化和合理化。体育支出在总消费中的比例常可以反映出个人、家庭和社会的文化程度。它也直接反映了人民的现实体育消费水平。体育支出与社会的医疗消费之间存在着一种反比例关系，因此，应积极引导群众进行体育健身消费，提倡花钱买健康。

6. 人均体育活动时间占余暇时间的比例

余暇时间是指除去一切必要的劳动时间所剩余的那部分个人可以自由支配的时间。余暇时间是人类的重要财富。它不仅能补偿劳动力的消耗，恢复在劳动过程中消耗的体力和智力，而且能够发展人的体力和智力，保证和促进人的全面发展。现代社会中，人们的余暇时间不断增加，个人的全面发展和自我实现可以通过余暇时间更好地实现。余暇时间的目标是保证心理和身体的健康，提供自我实现的途径，满足诸如归属感、自尊和自我实现等基本需要。余暇时间是人们直接参加体育活动和接受体育文化的基本前提条件，它能调节并改善人们由于饮食、营养、体重、休息等方面长期不合理的积习所造成的生活方面的健康效应。有规律地参加体育活动不仅是一种消遣娱乐活动手段，也是戒除生活恶习的有力措施。人均体育活动时间占余暇时间的比例，这一指标不仅可以反映人们对体育的重视程度，也在一定程度上反映了人们的生活方式和生活质量，所以应积极引导人们把余暇时间用于体育活动中。

（二）开展工作类指标

1. 每万人拥有体育活动站、点的数量

体育活动站、点是为了有效地动员群众参与，增强人民体质，提高健康水平，丰富业余文化生活而组建的一种社会体育基层组织，是群众日常参加体育活动的重要阵地。它通过有组织、有计划的体育健身和竞赛活动，使中央的体育方针、政策顺利地贯彻执行，吸引更多的社会成员参加体育活动，从而推动社会体育向纵深发展。体育活动站、点的多少直接关系到社会体育活动能否广泛、深入、持久地发展，是社会体育组织健全程度的重要标志。

2. 每万人拥有社会体育指导员的数量

社会体育指导员是为群众健身提供科学指导和技术服务的人员，是发展我国体育事业、增进公民身心健康想、提高生活质量、建设社会主义精神文明的一支重要力量。社会体育指导员通过组织和带领群众积极参加健身活动，指导群众进行科学健身，引导群众进行合理的体育消费和健身投资，从而不断提高社会体育的发展水平。他们在推动体育事业的全面发展中发挥着重要的作用。社会体育越是广泛深入地开展，有组织的群众健身活动就越普遍，人们对科学健身的要求就越强烈，因此，社会体育指导员是社会体育发展的重要条件。

（三）工作效果类指标

1. 经常参加体育健身活动的人占总人口的比例

经常参加体育健身活动的人占总人口数量的比例是检验全民健身工作效果的重要指标。其具体指标是指每周参加体育健身活动 3 次以上（含 3 次），每次活动不少于 30 分钟（含 30 分钟），练习强度达到中等强度。因为各地总人口数量不同，因此常用经常参加体育健身活动的人占总人口的比例做统计。

经常参加体育健身活动的人不仅仅是个数量问题，经常参加体育健身活动的人数与体育社会化进程和人们的价值取向直接相关，民众普遍的健身热不仅可作为促进健康的手段，提高人们的生物性功能，而且可作为生产力的内在要素，推动经济的发展。因此，经常参加体育健身活动的人是社会体育的一项重要指标，它反映了人们对体育的参与程度及亲和程度。它也是经济和社会发展程度的一个指标，是制订社会发展规划与社会发展战略研究的一个重要依据。

2. 达到体质标准合格人数占测定人数的比例

达到体质标准合格者即为理想体质。理想体质是指人体具有良好的质量。它是人在遗传潜力充分发挥的基础上，经过后天努力，达到人体形态结构、生理功能、心理智力以及对内外环境适应能力全面发展的相对良好的状态。

人们体质的发展与强弱在很大程度上取决于后天环境和能力的塑造，人所处的自然条件、物质生活条件、体育锻炼水平等，都会对人的技能和质量产生间接和直接的作用。人体形态的发育、机能和运动能力的提高，以及适应环境和抵抗疾病能力的增强等，是有很大潜力的。通过体育健身，这种潜力可以得到更充分的发展和有效的利用。体质的好坏与群众的发展水平密切相关，达到体质合格标准的人数占测定人数的比例在某种程度上反映了群众的发展水平，这项指标越高，群众的发展水平越好。

评估社会体育发展的指标体系是根据一个国家的具体情况，为一定时期的发展目标而制订的。我国的社会体育发展指标体系也是特定历史阶段的产物。尽管它们直接反映了现有的社会体育发展状况，也在一定程度上提示了我国社会体育今后的发展趋势，但是不可避免地存在着一定的局限性，所以它还需要在今后的实践中检验、修正和完善。为此，必须建立调查网，实施定期调查，并注意历史数据的积累和现实数据的采集，以求制订出具有中国特色、符合我国国情、科学有效的社会体育发展指标体系，更好地监测社会体育的发展状况和目标实现程度。

四、制订体育工作规划的注意事项

（一）以广泛的调研为基础

社区中长期体育健身规划中的设想是建构在对社区综合情况深入调研基础上

的，是科学的设想，符合客观事物发展规律，并不是毫无根据的天方夜谭。因此，制订规划的各种基础材料，包括数据、信息、资源情况、历史资料等凡是需要参考的资料，一定要准确、真实，不能有假。如果以假材料为依据，推测出来的设想将会使规划很难实现，甚至还会造成重大失误。

（二）任务指标有余地

社区中长期体育健身规划里所列出来的任务、指标和各种措施要求，一定要实事求是，既不能脱离现实、好高骛远，也不能因循守旧、停滞不前，否则，不是保守，就是冒进。所以，在任务、指标、措施上应留有余地，留有上升的空间。也就是说，应在充分调动群众积极性的基础上，经过努力可以实现甚至超额完成规划指标。

（三）使用朴实的语言

社区中长期体育健身规划与总结、调查报告不同，不需要生动、形象的语言，也不需要更多的修辞方法，一般使用朴实、庄重的语言。因为规划的内容都是要求人们未来做的，只有理解明白，才能做，才能执行。所以，语言要朴实无华，不能似是而非、模棱两可，特别是任务指标绝不能含糊，一定要清清楚楚，表达准确，这是规划对语言的基本要求。

（四）充分考虑安全因素

制订社区中长期体育健身规划时，要将安全因素纳入其中。在实施整个规划的过程中，始终要把安全作为第一要素。做好各种安全预案和防护措施，尽可能地排除各种不安全因素。

（五）必须正确处理战略性和战术性的关系

以往的规划编制普遍存在着以健身项目代替规划或项目与规划相脱节的现象。具体健身项目的罗列和安排是战术性的，如果没有全局和战略性的发展目标和思路，这些具体的项目也只能是局部的扩张，甚至会与局部之间的发展相互矛盾，不能形成合力，只能停留在战术目标这一较低层次上。因此，在编制社区中长期体育健身规划的过程中，要以宏观、长远为发展主线，突出规划的战略性和宏观性，用战略目标指导战术目标。另外，也要强调重大活动项目对实现宏观规划的重要性和项目与规划必须相结合的重要性。注重以重大活动项目为发展手段，围绕社区体育健身发展目标安排重大项目的建设规划，较好地处理重大活动项目和发展目标的关系，使战术目标为战略目标服务。

（六）处理好中长期规划和各类短期规划之间的关系

社区体育工作规划是指导今后一个时期社区全民健身事业发展的纲领性文件，是带有全局性、宏观性、战略性的规划。社区内各健身站点都应围绕社区体育工作规划确定的原则、方针和奋斗目标，结合本健身站点的具体情况编制短期规划。正确处理好中长期规划与各类短期规划的关系对于规划的编制是十分重要的。各健身站点都应在社区体育工作规划总的原则和要求下开展工作。各健身站点的短期规划也是社区中长期体育工作总体规划的重要组成部分，是总体规划的具体实施，与总体规划是相辅相成的关系。

第二节　全民健身专题研讨会管理

体育发展过程中会发生各种问题，需要召集有关人员进行专门研究，集思广益地寻找解决问题的办法。其中，专题研讨会是常用的解决问题的手段。组织者把相关人员和专家召集在一起，就某一问题展开讨论，并通过总结讨论成果，制订解决问题的方案。

一、体育专题研讨会的类型

（一）体育专题研讨会的定义

研讨会是专门针对某一行业或某一具体讨论主题在集中场所进行研究和讨论交流的会议。它对于制订政策、发展战略、方法措施都有巨大作用。体育专题研讨会即专门针对体育的某一主题在集中场所进行研究、讨论交流的会议。

（二）体育专题研讨会的类型

1. 根据规模划分

（1）大型体育专题研讨会：参加会议人数在200人以上。

（2）一般体育专题研讨会：参加会议人数在50～200人之间。

（3）小型体育专题研讨会：参加会议人数在50人以下。

2. 根据参与对象划分

（1）专家体育专题研讨会：是指体育领域的专家因全民健身特殊事件或特殊话题聚集起来，针对特别具体的问题展开公平、公开的讨论，实现观念的交流与分享，并商议对策和形成相关决定的一种会议形式。

（2）人群体育专题研讨会：如妇女体育专题研讨会是研究妇女体育发展问题的主题研讨活动。其目的是通过开展妇女体育专题研讨活动，使妇女体育工作者能够应用研讨成果去开展妇女体育活动。

（3）健身项目或品牌专题研讨会：这种研讨会通常由某一个利益主体组织，一家或数家健身品牌在会议上进行演讲，主要以技术、技能展示或表演为形式，但其目的却是宣传健身品牌。这类研讨会通常由健身品牌所有者或体育媒体组织。

3. 根据地域范围划分

（1）国际体育专题研讨会：是指有世界各地专家或代表参加，在国内或其他国家召开的探讨体育专题的会议。

（2）国内体育专题研讨会：是指仅有本国专家或代表参加，在本国举行的探讨体育专题的会议。

4. 根据开展方式划分

（1）传统体育专题研讨会：是指定点、定时实地开展的体育专题研讨会。

（2）网络体育专题研讨会：这是随着互联网的普及而出现的一种新型研讨会形式。它较好地继承了传统研讨会在专业性和交互性方面的优势，并将研讨会从实地搬到了网络平台，充分发挥网络的便捷性与交互性优势，不再受时空限制，充分体现了其时效性强、传播面广、专业覆盖率高和用户参与成本低等特点。

二、体育专题研讨会的召开方式和要求

（一）体育专题研讨会的召开方式

1. 传统的演讲——提问——点评

即首先由参加会议的嘉宾发表演讲，再由其他参会人员根据演讲内容提出疑问，大家进行讨论，最后由专家进行点评。

2. 单一讨论

在研讨会之前确定研讨议题，再把议题发送给参加此次研讨会的人员，让他们先行准备资料。会议开始之后大家就议题展开讨论。

3. 座谈会

把参加对象集中到一起，围绕会议的主题，由主持人与参会者以聊天的方式讨论，让每个参会者都能畅所欲言。在自由的小组讨论过程中经常可以得到意想不到的发现。

4. 参观讨论

如观赏一场大型的社区体育活动展演，专家学者们就展演中的一些问题进行讨论研究。

5. 报告会

这种形式是由参加此次会议的专家、学者做关于此次研讨会的专题报告，详细阐述自己的见解。

6. 网上体育专题研讨会

网上研讨会不同于传统的实地研讨会，它的规模可大可小，参与起来更加快捷便利，大大节省了会议发起者和参会者的费用。网络研讨会只需组织者安装一个客户端软件，其他的会议参加者直接通过浏览器，一键加入即可。主讲嘉宾与参会者同样可以互动交流，如在线文字交流，即通过文字方式在问与答的窗口里与主讲嘉宾进行互动交流；又如语音问答交流，即通过语音设备，主讲嘉宾选择典型问题进行解答与来宾互动。

（二）召开体育专题研讨会的要求

1. 会前准备阶段的要求

（1）首先要确定研讨会主题和目的，以及开展研讨会的时间和地点，再根据研讨会的主题和目的确定参与研讨会的对象。然后给参与研讨会的人员发送邀请，对被邀请者是否收到邀请进行电话或邮件确认，最后落实参与本次研讨会的人数。

（2）找好主角。开展好一个专题研讨会同组织一场大型演出一样，主要演员的确定是十分重要的一环。因此，要尽早确定会议主持人及会议的开展方式和整个流程，做好各项顺利开展研讨会的前期准备。

（3）对开展本次研讨会需要的相关费用进行预算，做好物质准备。

2. 研讨会开展期间的要求

（1）让参与研讨会的人员明确本次体育专题研讨会的主题、目的、意义和任务，以确保会议期间的讨论和发言紧紧围绕主题，顺利开展研讨会。只有这样，在会议结束后才能得出此次议题的解决方案。

（2）研讨会的工作人员要做好后勤工作，安排好参会人员的食宿，让大家专心地参与此次研讨会。

（3）参会人员必须全力以赴、尽情投入，听从研讨会工作人员的安排，会议期间应关闭手机或将手机设置为振动状态，不可迟到或早退，不可在会场内随意走动。

3. 研讨会结束后的要求

（1）研讨会圆满结束后，需有相关的宣传和报道，把研讨会研讨出的最后成果公布于众，让社会大众明确此次研讨会的意义，也为社会大众提供关于这个领域的最新资讯。

（2）研讨会结束当晚，会议组织者可以举行一场晚宴之类的活动，以增强参会人员之间的交流，也给工作人员和参会人员提供一次放松休息的机会，为此次研讨会的结束拉下一个完美的帷幕。

（3）让参与本次研讨会的人员上交一份参与此次会议的感想和心得，让思想的火花进行最后一次碰撞。

三、体育专题研讨会的注意事项

（一）体育专题研讨会的主题和目的明确

只有确定了研讨会的主题和目的才能开展接下来的一系列工作，也才能在会议结束之后得出有意义的结论。如果研讨会的主题和目的不明确，会议期间，参会人员的思想涣散，讨论不得要领，就无法达到开展此次研讨会的预期效果。因此，明确的主题和目的，对开展研讨会来说十分重要。

（二）前期准备要到位

体育专题研讨会的时间和地点选择的好坏对会议效果有直接影响。研讨会的时间应尽量避开节假日和重大社会活动日。研讨会地点的选择要根据会议主题，本着交通方便、设施良好、环境安静的基本原则进行。确定好参与此次研讨会的人数后，要提前安排好参会人员的食宿。

（三）做好会场布置

布置会场时，要注意会场的空调温度是否适合当时的季节和气候；要注意会场灯光、音响、话筒等问题，以免出现主持人主持或嘉宾发言时突然失声的情况；保证会议期间投影仪、电脑及其他相关设备都能正常运作，不出现失误；设计好宾客座次的排列顺序，分清主次，避免出现纷乱或不愉快，必要时要准备会议胸卡或座席卡。

（四）人员分工明确

安排好会议期间的记录员、话筒传递员、幻灯片放映员、会议摄像者等相关的工作人员，保证会议整个过程的衔接顺利流畅；合理地安排会议期间的人员分工，密切配合，做到协调统一。

（五）主持人要善于调控会场气氛

主持人应具有较强的组织能力和应变能力，有较高的文化修养和专业水平，反应敏捷，口齿伶俐。主持人还应注意整个研讨会期间的会场气氛，一方面，不能让参会人员感动无聊沉闷，出现昏昏欲睡的情况；另一方面，要确保参会人员的讨论都能围绕着会议主题进行，并不出现激烈的争执或口角，争取让整场会议在轻松愉悦的气氛之下进行。

（六）准备好应急预案

准备好突发事件的应急方案，安排好专门处理突发事件的工作人员，当会场有突发事件发生时，能及时快速地做出反应，把突发事件的影响尽可能地减到最小。

（七）做好经费预算

举行体育研讨会的规格和规模不同，花费也不同，所以必须做好预算。预算主要包括以下几项开支：会场租赁费、印刷费、录音和录像器材租借费、交通费、文具费、茶点费、住宿费、劳务费等。

［思考题］

①——简述体育工作规划的基本内容。②——制定体育工作规划有哪些指标可以参用？③——体育专题研讨会有哪几种开展方式？④——开展体育专题研讨会应注意哪些问题？

第九章　社会体育指导员组织的管理

本章导读—— 随着我国全民健身事业的迅速发展，社会体育指导员力量迅速壮大，这个人群得到了社会越来越多的关注，各地社会体育指导员组织应运而生。社会体育指导员组织的建设目标是加强归属感、维护基本权益、规范指导行为、协助实施《全民健身计划》等，建设内容包括网络建设、规范化建设、指导能力建设、组织文化建设和公关能力建设等。这些都是参与社会体育指导员组织和管理这些组织的工作人员应该掌握的知识。本章围绕社会体育指导员的组织建设问题，讨论了这类组织的建设目标、建设内容、规范化运作，对行为激励进行了较为详尽的论述，并对社会体育指导员培训管理进行了分类说明。

第一节　社会体育指导员的组织建设

中国社会体育指导员协会成立时间较短，当前的主要任务就是加强组织建设。组织建设的基本目的是壮大队伍，增强实力，提高效率，扩大影响。为实现以上目的，要根据不同发展阶段，合理设置目标，并把目标细化为工作项目，一一落实，快速提升组织能力。

一、组织建设的目标

（一）加强社会体育指导员的归属感

从组织发展的角度看，组织壮大的条件有两个：一是不断有新人加入，二是组织成员对组织的认同。第一条件有赖于第二条件，即新人往往是通过组织成员介绍而加入的。如果组织成员本身没有对组织的归属感，就不可能动员他人加入组织。因此，加强社会体育指导员的归属感，是当前组织建设的重要工作。成员对组织的归属感主要表现在以下三方面：

1. 对组织目标的认同

要让社会体育指导员参与组织目标的制订过程，使大家感到组织目标就是自己的目标。协会要充分发挥会员代表大会的作用，广泛征求社会体育指导员对组织发展的意见，强化社会体育指导员对组织目标的认同感和使命感。在与组织目标产生分歧时，要注意求同存异，尽可能实现多赢的良好局面。

2. 成员间的良好关系

可通过各种组织活动，加强成员间的联系与合作，加深成员间的感情，使社会体育指导员有家的感觉，产生发自内心的归属感。成员间的良好关系是通过交流与合作产生的，要创造更多的交流与合作机会，并通过激励机制，建立良好的人际关系和形成有战斗力的团队精神。要形成互相关心、互相帮助的大家庭关系，从情感上凝聚人心，强化社会体育指导员的归属感。

3. 对组织活动富有责任感

要细化组织分工，使所有社会体育指导员都有适合的岗位，并通过岗位责任制度去约束其行为，使其产生岗位责任感，积极参与组织活动和维护组织声誉。要细化组织的内部分工，使每一位社会体育指导员在组织中都有具体职责，激发社会体育指导员的角色认同感和责任感。要规定社会体育指导员的任务，并指导其完成任务，使其在完成任务的过程中，建立使命感和成就感。

（二）维护社会体育指导员的基本权益

社会体育指导员协会是社会体育指导员自己的组织，因此，维护社会体育指导员的基本权益是组织的主要任务。社会体育指导员的基本权益主要包括以下几种：

1. 社会体育活动的参与权

社会体育指导员参加组织的目的就是为了更好地参与社会体育指导活动。因此，社会体育指导员协会有义务为每一位社会体育指导员安排工作岗位，有组织地开展社会体育指导活动。协会要根据每一位社会体育指导员的特长及个人情况，安排合适的工作岗位，使其能在社会体育指导活动中充分发挥作用。协会要注意保护社会体育指导员的工作积极性，做到既能发挥社会体育指导员的作用，又不影响其生活与健康。

2. 社会体育指导工作的保障权

当前最关键的是改善社会体育指导员工作条件的保障问题。目前尚未实行岗位补贴等制度，社会体育指导员的工作条件比较艰苦，由于没有发放专用制服、标识等标志物，社会体育指导员的形象还不够鲜明，社会认可度也不高。因此，社会体育指导员协会要运用组织的力量为社会体育指导员争取改善现有的工作条件和获得应有的社会地位，尤其是社会体育指导员在工作中遇到侵害时，应该由组织出面维护其基本权益。

3. 获得应有社会地位的尊严权

社会体育指导员是从事社会公益活动的志愿者，是经过专业培训并获得国家认可的技术等级证书的专门工作者，他们不以营利为目的，为社会奉献的精神和造福社会的行为理应得到社会的尊重，享有较高的社会地位。协会要不断努力树立社会体育指导员的光辉形象，通过实际行动赢得社会的尊重。并且，还应要求政府给予政策倾斜，要求媒体宣传社会体育指导员，营造全社会尊重社会体育指导员劳动的良好氛围。

（三）规范社会体育指导员的体育指导行为

社会体育指导员的主要工作就是社会体育指导，因此，社会体育指导的工作质量如何，关系到社会对组织的评价，是组织发展的生命线。具体方式如下：

1. 制订岗位工作责任制度

社会体育指导员协会要根据不同岗位的工作性质，制订岗位工作责任制度，规范社会体育指导员的体育指导行为。岗位责任制度要在严格要求的基础上，进行指标化处理，使岗位责任落到实处。要求上岗人员做好工作记录，以便进行考核。

2. 建立岗位培训制度

社会体育指导员协会要通过培训提高社会体育指导员的道德修养和业务能力，使其自觉遵守组织纪律，热心为群众提供服务，成为科学健身的引领者。目前，社会体育指导员在获取资格后，业务进修的机会较少，所以协会应加强岗位培训和开展指导交流活动，以提高社会体育指导员的业务能力和建立良好的行为规范。

3. 强化社团自治和自律

社会体育指导员协会应通过社团自治和行业自律，不断规范社会体育指导员的体育指导行为，提高社会体育指导员的道德修养，净化社会体育指导环境，这对组织发展具有重要的作用。协会应该成立纪律检查小组，监督各级社会体育指导员组织工作，规范社会体育指导员的体育指导行为。

（四）协助政府实施《全民健身计划》

社会体育指导员协会作为非政府组织的一个重要功能就是协助政府开展社会服务工作。

1. 协助政府进行社会体育管理

按照目前的管理体制，体育行政部门很难对遍布各处的健身场所进行完善的管理，而按协会的要求应在各个健身场所及健身组织配备社会体育指导员。因此，社会体育指导员协助政府进行社会体育管理有许多便利之处，也是《体育法》规定的法定义务——“社会体育指导员指导社会体育”。协会应对各类社会体育指导人员进行业务培训，提高他的道德水平和业务素养，并通过社会体育指导员来管理各种健身场所，占领健身场所这一主阵地。

2. 协助政府落实《全民健身计划》

社会体育指导员协助政府实施《全民健身计划》是其主要义务，也是体现其社会价值的重要组成部分。协会要努力成为政府体育主管部门的好帮手，成为推行《全民健身计划》的主力军，成为全民健身的领头羊。

3. 协助政府开展体育公共服务

社会体育指导员协会作为体育专业服务组织，参与体育公共服务也是理所当然的。在体育公共服务内容中，体育指导服务是十分重要的环节，关系到科学健身和健康效果等方面。社会体育指导服务要突出科学性，要引领百姓建立科学、健康、文明的生活方式。

二、组织建设的内容

（一）组织网络建设

1. 三级组织网络建设

建立协会、街道（乡镇）体育指导站、居委（村委）体育指导点三级组织网络，是推动社会体育指导员组织建设的工作重点。没有基层组织网络，协会就没有抓手，社会体育指导工作就无法真正落实。在建设组织网络的过程中，要注意各层级之间的联系与衔接，既要保持工作的连贯性，也要注意保持各级组织工作的自主性。三级组织网络的核心在协会，协会对组织网络建设要有规划，对基层组织要有控制，要充分调动基层组织的工作积极性。三级组织网络的关键在街道（乡镇）体育指导站，因为体育指导站是具体实施社会体育指导的工作机构，社会体育指导工作质量取决于体育指导站的能力。三级组织网络的基础在居委（村委）体育指导点，因为他们是面对群众直接进行体育指导的工作点，一点小的失误就可能产生较大的社会影响。要建立自上而下及自下而上的纵向沟通渠道和与其他组织的横向联系，形成网络组织结构。

2. 扩大组织网络的覆盖面

组织网络建设是协会实体化的基础，要尽可能覆盖所有地区，实现均等化服务。在社会体育指导员人数不足的情况下，首先要尽可能覆盖所有公共健身场所，拓展公园、绿地、广场及其他可利用的健身场地。其次，要尽可能覆盖所有健身团队，并动员单独健身者加入团队活动，使更多健身参与者受益。

3. 组织网络与各级行政组织的关系

建立协会的三级组织网络时，要注意争取基层行政组织的支持，其最佳组织模式是结合基层体育工作来推进组织网络建设。由于体育指导站、点直接接触群众，所以要慎重选拔热心体育指导事业、业务能力突出、责任心强、有一定公关能力的社会体育指导员负责站、点管理工作。

（二）组织规范化建设

组织规范化建设是社会团体管理局对各类社会团体的基本要求，也是体育行政部门和体育总会对社会体育组织的基本要求。组织规范化建设内容要包括以下几方面：

1. 依法管理

依法管理是指协会的所有活动都要依法办事，所有行为都要符合法律规定，将遵纪守法作为组织的基本准则。所有组织行为都要用制度进行约束，所有制度都要符合法律规定。协会干部要及时获得政策法规信息，并依据政策法规和制度开展工作。

2. 组织运营

组织运营规范化是指组织的运作过程要公开、透明，经费、财产的来源和使用要符合规定要求，组织活动要体现公益性等。组织运营必须严格按照章程规定进行，要防止权力集中和暗箱操作现象的发生。要注意程序的合法化，严禁越权操作行为的发生。

3. 业务活动

业务活动规范化是指健身指导行为要体现科学精神，活动范围要符合章程规定，服务流程要合理等。要制订社会体育指导流程，规范社会体育指导行为。要使各类业务活动制度化，以确保业务活动质量。

4. 社会参与

社会参与规范化是指组织应积极参加社会公益活动，所有社会参与要符合法律和章程规定，并对社会发展有益。在开展日常社会体育指导的同时，根据社会发展需要，参与重大社会活动是公益性社会组织的义务。要避免体育服务商业化的倾向，保持社会参与的公益性。

（三）指导能力建设

指导能力建设是社会体育指导员组织建设的核心任务，因为社会体育指导是协会的中心工作。协会应建立社会体育指导员指导技能培训基地，常年开展培训工作，为提高社会体育指导员指导能力打基础。要制订轮训计划，分期分批地对社会体育指导员进行指导技能培训。指导能力建设的内容主要包括以下几方面：

1. 提高技能指导能力

技能指导能力是社会体育指导员的核心指导能力，因为体育健身是通过动作技能的完成而实现的，动作技能的优劣直接影响健身效果。技能指导能力有动作技术的讲解示范能力、运动健身原理、知识讲解能力等。

2. 提高组织运营能力

组织运营能力是社会体育指导员的基本指导能力，社会体育指导员从团队组织运营到协会组织运营，需要学习不同性质组织的运作模式和管理方式。组织运营能力包括组织活动能力、组织管理能力等。

3. 提高人际沟通能力

由于社会体育指导员组织是人群组织，组织管理的主要内容是与人打交道。人际沟通能力是十分重要的工作能力，主要包括人际交往能力、领导能力等。

（四）组织文化建设

组织文化建设是凝聚人心、树立社会形象的系统工程，是需要长期坚持才能建立的组织特征。组织文化建设的主要内容包括以下几方面：

1. 组织礼仪

组织礼仪包括办公场所布置、会议仪式、接待礼仪等。例如，办公场所布置要体现工作效率，会议仪式要体现庄重，接待礼仪要体现尊重等，以便让参与者及观察者产生良好的印象，从心里接受组织文化。

2. 行为规范

行为规范是指对组织成员提出的行为要求。例如，工作过程中的礼貌用语、与被指导者关系的处理，以及关于擅自收费等禁止行为。行为规范反映了组织成员的基本素质，是观察组织文化的重要指标。

3. 人际关系

人际关系是指对成员间及对外关系处理的有关规定，一般要求成员间以诚相待、团结互助。对外关系处理要体现亲和力、互惠性等。从内部看，人际关系体现了组织的凝聚力和团队精神；从外部看，则体现了组织的社会关系和社会评价。

4. 对外形象

对外形象包括组织标志、口号、口碑等。特别是组织标志，不仅体现在服装、标识等方面，也体现在指导员的精神面貌等方面。例如，一般要求机构挂牌要在明显之处，要有指示。站点挂牌要明确指导的内容、时间、联系方法等信息。

（五）公关能力建设

公关能力建设是组织争取外部资源、化解外部矛盾的重要途径和手段。协会应把公共关系纳入议事日程，安排专人从事公关工作，以提升外部评价和改善外部关系。公关能力建设主要包括以下几方面：

1. 广告宣传

广告宣传是影响力较大的公关手段，一般可通过大众传播和媒体宣传等开展公关活动，尤其是举办大型体育活动时，应主动邀请媒体参加报道，也可印发宣传资料等进行广告宣传。由于信息时代大众对电视、网络媒体的关注度较高，所以协会应主动介入，开展宣传。同时还应建立官方网站，及时发布和更新信息，以形成主流公关渠道。

2. 交际活动

交际活动是扩大社会影响的重要公关手段，协会可以通过沙龙、专访、接待、联络等形式开展社会交际活动。交际活动一般采用走出去、请进来等公关手段。例如，由协会领导出面参加社会活动，通过社会交际，发展社会脉络，提高协会的社会知名度；又如，请社会名流参加组织的有关活动，以吸引社会关注等。

3. 服务活动

服务活动是组织对外展示其能力的重要公关手段，服务活动可以通过开放日（节假日免费对外开放）、体验活动（对组织服务感兴趣者可预约参加体验服务活动）等实施。由于参加服务活动的都是初次体验者，因此需要精心准备，让参加者有惊喜并余味未了，使其对组织产生向往。

4. 社会参与

社会参与是体现组织社会价值的重要途径。社会参与一般指参加社会公益活动和参加节假日庆典活动等。社会参与可以使组织站在更高、更广的社会平台展示自己，对提高社会认知度有很大帮助。

5. 专题公关

专题公关是指在组织遇到问题时专门组织的公关活动。专题公关包括征询意见、信息发布、危机公关等。例如，在换届时征询组织内、外部对领导班子的意见，研究确定领导人选；对外发布重要信息，争取社会支持；发生事故后的危机公关等。

三、组织的规范化运作

（一）组织管理方面的规范化运作

组织管理方面的规范主要有遵守社团法的规范、按章程办事的规范等。

1. 遵守社团法的规范

遵守社团法的规范包括对组织资金、办公条件的遵守；对机构专职工作人员的配备；组织在成立、变更等方面的登记备案；按时递交合格材料参加年检；遵守国家和地方的法律法规；重大事项报告（如举办大型会议、跨组织或跨领域活动、涉外活动等）等。

2. 按章程办事的规范

按章程办事的规范包括机构设置、人员安排、权力分配、组织过程等符合章程规定；队伍建设、岗位管理、会员管理等人力资源管理符合要求；账户管理、资产管理、印证管理等符合国家规定；内部制度、外部活动遵守章程规定；组织文化符合社团发展要求。

（二）业务活动方面的规范化

业务活动方面的规范包括指导活动、项目开发与推广、交流活动、对外宣传等方面。

1. 指导活动的规范

指导活动的规范包括日常指导活动规范、赛会活动规范和社会参与规范等。日常指导活动规范包括见面、分别时的礼仪，活动过程中的准备、进行、结束程序，指导用语、方法、着装等。赛会活动规范包括赛会规程、赛会组织和赛会控制等。社会参与规范包括礼仪仪表、待人接物和合作交流等。

2. 项目开发与推广的规范

项目开发与推广的规范包括项目开发符合协会宗旨、政策鼓励项目创新和项目推广纳入年度计划等。项目开发符合协会宗旨是指根据协会发展需要进行项目开发，项目的实施会推动协会工作的进步。政策鼓励项目创新是指通过激励机制和优惠政策鼓励组织成员进行项目创新，并通过项目创新推动组织活动的开展。项目推广纳入年度计划是指在制订年度计划时，把项目创新作为计划内容进行安排并付诸实施。

3. 交流活动的规范

交流活动的规范包括内部交流规范和外部交流规范。内部交流的目的是提高组织成员的业务水平，因此，参与面要广，要讲究实效。外部交流的目的是加强交流，因此，要注意“友谊第一，比赛第二”的原则。外部交流又有地区内交流与地区外交流的区别，地区内交流要考虑机会均等，地区外交流要展示组织的实力。

4. 对外宣传的规范

对外宣传是组织能力得到社会认可的重要途径。对外宣传包括自身的宣传，如通过建立网站、发行刊物以及利用社会媒体进行对外宣传等。其中建立网站、发行刊物是对外宣传的极佳手段，因为其可控性较强，影响较大。

（三）社会参与方面的规范化运作指标

社会参与方面的规范主要有社会活动参与率、社会活动参与效果、社会对组织的评价、组织的社会影响力等方面。

1. 社会活动参与率

社会活动参与率包括参与上级体育组织相关活动的频率和参与政府或其他社会组织相关活动的频率。其中，参与上级体育组织的相关活动与组织的业务关系最密切，是提升业务能力、建立社会地位的重要手段。参与政府或其他社会组织的相关活动也很重要，是体现社会组织价值的重要途径。

2. 社会活动参与效果

社会活动参与效果是检验组织社会参与是否成功的重要指标。一般包括组织对社会活动的贡献率、社会活动组织的成长性和组织对社会大众的吸引力等方面。组织对社会活动的贡献率可通过组织在社会活动中的重要性以及在活动过程中的作用来体现。社会活动组织的成长性是指组织在活动中的收获，收获越大，成长性越强。组织对社会大众的吸引力包括社会大众对组织的好感以及大众对组织的关注度等。

3. 社会对组织的评价

社会对组织的评价对组织的社会地位有重要影响。社会对组织的评价包括政府对组织的评价、公众对组织的评价和其他社会组织对组织的评价等。政府部门对组织的评价至关重要，因为作为非政府组织的基本功能之一就是协助政府开展工作，一旦失去政府的信任，组织的发展将会受到严重影响。公众对组织的评价也很重要，群众的满意度对组织的社会影响力非常关键。其他社会组织对组织的评价关系到组织的横向联系和社会资源的利用，也对组织发展十分重要。

4. 组织的社会影响力

组织的社会影响力对组织的发展非常重要。组织的社会影响力包括组织的社会美誉度、组织在本领域的话语权和组织在公众心目中的地位等。组织的社会美誉度是通过社会服务逐步建立起来的，要保持住美誉度就必须不断加强社会服务，提高服务质量。组织在本领域的话语权包括组织领军人物的权威性、组织的专业化程度以及在同行业中的威信等。组织在公众心目中的地位与组织的社会知名度和为公众服务的能力有重要关系。

第二节 社会体育指导员培训工作管理

社会体育指导员培训工作是提高社会体育指导员素养的重要途径，加强社会体育指导员培训工作管理，对提升培训效果具有重要作用。

一、资格培训

（一）学员选拔方式

我国目前选拔社会体育指导员培训学员采用基层组织推荐和个人报名相结合的

方法。但由于采用不定期培训方式，个人较难获取培训信息，因此基本上以基层组织推荐为主。三级和二级社会体育指导员培训主要由街道（乡镇）行政部门根据工作需要进行推荐，一级和国家级主要由各区县体育局主管部门根据工作情况进行选拔。符合选拔要求的个人可通过社区行政或区县体育行政部门报名参加培训活动。

社会体育指导员协会成立后，对学员的选拔方式进行了调整，主要有两种：一是从健身团队的骨干中进行推荐，并由协会审核后进行选拔；二是由协会从体育教师、教练、医生等相关专业领域选拔具有奉献精神、专业能力强的人员参加培训（可免修已学课程）。由于协会对社会体育指导员的能力和要求比较清楚，学员选拔的有效性会有明显提高。

（二）培训课程安排

社会体育指导员培训课程内容包括工作规范（如社会体育指导的相关法规、社会体育指导员的行为规范、社会体育指导员的岗位责任等）、基本知识（如体育健身理念、社会体育理论、健身知识等）、组织管理（如健身组织的管理、健身活动的管理、指导员组织的管理等）、健身指导（如常用体育健身原理、不同人群的体育健身指导、体育健身方法指导等），以及自设教材内容五个部分。

不同等级的社会体育指导员的知识结构和工作要求有所不同，各等级的社会体育指导员集中培训的教学内容与时数比例也有所不同（表9–1）。

▶表9–1　社会体育指导员集中培训内容与时数比例（%）

级别 教学内容	集中培训			
	三级	二级	一级	国家级
1. 工作规范	20	20	15	15
2. 基本知识	25	25	30	25
3. 健身指导	25	25	30	30
4. 组织管理	15	15	15	20
5. 自设教材内容	15	15	10	10
合计	100	100	100	100

备注：上述时数为学时数，每学时为40～45分钟

（三）考核及认证方式

社会体育指导员培训考核按国家体育总局制订的社会体育指导员技术等级统一考试大纲要求，由各省、自治区、直辖市体育行政部门组织进行。考核包括考试和审批两个方面，考试形式分闭卷和开卷两种，三级和二级社会体育指导员培训考试较多采取闭卷形式，一级和国家级较多采用两者结合的形式。各课程考试合格，且缺席率低于10%的学员，颁发培训合格证书。学员可凭合格证书申请同等级社会体育指导员资格。除同等级别培训合格证书外，资格审批条件还包括：一定的学历水平、一定的指导经验等。二级和三级社会体育指导员由区县体育行政部门负责审批，一级社会体育指导员由省区市体育行政部门负责审批，国家级社会体育指导员由国家体育总局批准授予。

二、岗位培训

（一）社会体育指导员岗位培训内容

由于我国目前尚未对社会体育指导员进行分类管理和普遍推广岗位责任制，所以并没有建立明确的岗位培训体系。从实际工作情况看，至少有协会、指导站的组织管理岗位和团队管理岗位以及指导点（健身站点）管理岗位等几种岗位设置。

1. 组织管理岗位培训内容

组织管理岗位主要指协会及体育指导站的组织管理干部岗位。作为社会体育组织和开展专业服务的公益性组织与行政管理有较大的区别，需要进行专门的培训。培训的内容主要有组织管理职责、组织管理方法、组织文化生活、组织领导方式等。

2. 团队管理岗位培训内容

团队管理岗位主要指健身团队的组织管理人员岗位。作为团队的负责人，需要具备多方面的知识和能力，需要进行专门的培训。培训内容主要有团队管理职责、团队活动方式、团队激励机制、人际沟通方法等。

3. 指导点管理岗位培训内容

指导点管理岗位主要指健身站点的组织管理人员岗位。作为健身站点的管理人员，不仅需要扎实的技术，也要具备人员管理、环境布置、器材维护等方面的知识，需要进行专门的培训。培训内容主要有指导点管理职责、指导点活动方式、指导点安全注意事项等。

（二）社会体育指导员岗位培训时间及课程安排

目前我国对岗位培训时间及课程安排没有明确规定，协会应从实际需要出发，合理制订岗位培训计划。根据一些地区的实践经验，组织管理岗位应每年安排一次集中培训，团队管理岗位应每半年安排一次集中培训，指导点管理岗位应每季度安排一次集中培训。原因是从管理内容的变化看，基层的比上级的变化大，一线工作的变化频率较快，需要及时调整。

除了集中培训外，协会还应根据需要，不定期地安排岗位培训，一般每年至少两次。

（三）岗位培训师资与资金来源

岗位培训师资来源包括内部和外部两个途径。首先，协会应从组织内部不同岗位选拔优秀社会体育指导员组成讲师团，负责岗位培训工作。在力所不能及的情况下，可从外部聘请专家参与岗位培训工作。在外聘专家授课时，要派专人做记录，学习专家的授课方法，并与专家探讨有关问题，逐步掌握专项培训内容和方法，最终使自己能够胜任培训任务。

在组织岗位培训前，要做好计划和预算，并报主管部门审批，以获得行政支持和财政拨款。部分发达国家的社会体育指导员岗位培训经费占政府体育事业经费预算的比例为20～33%，对提高社会体育指导员素质起到了关键作用，值得借鉴。

第三节　社会体育指导员行为激励方式

激励的重要性不仅在于能促使社会体育指导员积极地工作，而且能使社会体育指导员认同和接受社会体育指导员组织的目标与价值观，对社会体育指导员组织产生强烈的归属感。社会体育指导员是实施全民健身工作的基础，由于其特殊性，对其进行有效的激励是非常必要的，在实施全民健身计划的过程中，应重视对社会体育指导员进行行为激励，注意调动他们参与全民健身工作的积极性和自觉性，这是全民健身工作成败的关键。本节主要介绍了如何对社会体育指导员进行行为激励。

一、行为激励公式

心理学家认为，所有人的行为都是以达成某种目标为目的的，都是具有动机性的。这种“目标 — 导向”行为又都是出于对某种需要的追求。一种没有得到满足的需要是调动积极性的起点，也是产生激励的起点，它会引起一系列导向行为。这一系列的导向行为会产生两个结果，即可能使需要得到满足，或者正好相反。这两种截然相反的结果，又会导致以下情况：需要得到满足，之后会再发生对新需要的追求；追求的需要未得到满足，就会由此而产生消极的或积极的行为。从上述分析可以看出，未得到满足的需要对人的激励作用大小，主要取决于某一行动的效价和期望值。效价是指个人对达到某种预期成果的偏爱程度，或某种预期成果可能给行为者个人带来的满足程度；期望值则是某一具体行动可带来某种预期成果的概率，即行为者采取某种行动、获得某种成果，从而带来某种心理满足或生理满足的可能性。激励力、效价及期望值之间的相互关系可用下式表示：

$$激励力=某一行动结果的效价 \times 期望值$$

二、行为激励的方式与要求

（一）社会体育指导员行为激励的方式

行为激励必须以满足社会体育指导员的某种需要为依据。由于社会体育指导员个体的差异性，需要的表现形式也多种多样，与此相对应，行为激励的方式也具有多样性。具体来说，社会体育指导员行为激励方式有以下几种：

1. 物质激励

对社会体育指导员的物质激励有奖金、进修、实物等。通过对社会体育指导员奖勤奖优式的物质激励，有助于增强他们为组织贡献和奋斗的主人翁精神。另外，由于激励和积极性都表现在精神层面上，所以对社会体育指导员的物质激励必须坚持与精神激励相结合。

2. 表彰激励

对社会体育指导员的表彰激励主要体现在对社会体育指导员精神上的鼓励，是对物质激励的补充。表彰激励的主要表现形式有评选优秀社会体育指导员、星级社会体育指导员等。通过表彰激励有利于增强社会体育指导员的自豪感和责任感。

3. 榜样激励

对在技能传授、健身指导、组织管理等各方面工作中有突出表现的社会体育指导员进行宣传报道，树立榜样，满足社会体育指导员的成就感和对自我价值的认同感。由于这些榜样与其他社会体育指导员有着共同的社会环境、共同的愿望和职责，他们的先进事迹更能启发、鼓舞、激励更广大的社会体育指导员。另外，有了榜样，社会体育指导员就会学有方向，赶有目标，才会激起想要模仿赶超的愿望，外在的榜样才能转化为催人上进的内在激励。

4. 岗位激励

对社会体育指导员的岗位激励是指在社会体育指导员组织管理部门发扬民主，坚持民主制度，有组织、有领导地发动社会体育指导员参与管理和决策，以调动社会体育指导员的积极性和创造性，增强社会体育指导员的自豪感和责任感，激发其巨大的创造力。

5. 感情激励

对社会体育指导员的感情激励是指社会体育指导员组织管理者与工作在一线的社会体育指导员之间建立良好的情感关系。人是有感情的动物。情感是影响人行为的最直接因素之一，人只有在愉悦的情感情境中，积极性才可能得到充分发挥。与一线社会体育指导员建立良好情感关系，可以较好地激发其奉献动机和工作热情，从而提高工作效率，实现预定目标。这就要求社会体育指导员组织管理部门要关心社会体育指导员，做到知社会体育指导员、爱社会体育指导员、帮社会体育指导员，以建立良好的情感纽带。

6. 信息激励

对社会体育指导员的信息激励是指社会体育指导员组织要关注社会体育指导员个人和组织的发展，不断将关于社会体育指导员个人等级晋升、培养教育的计划信息和社会体育指导员组织取得的成绩与发展信息告诉社会体育指导员，激发他们的进取精神，调动其工作积极性。

（二）社会体育指导员行为激励的要求

1. 坚持导向性

激励对社会行为具有导向作用。因此，在进行激励前要认真思考分析，选择与社会体育指导员组织工作重心和发展方向一致的积极动机、优良行为来实施激励，并切实发挥激励的导向作用。

2. 注意区别对待

运用激励方式时，要适合具体激励对象的心理需求，使激励具有针对性。社会体育指导员个体具有各自独特的心理特点，需求不同，所以在对社会体育指导员进行激励时要注意区别对待。

3. 把握合适时机

在不同时机实施激励，会产生不同的心理效应和激励作用。对社会体育指导员进行行为激励的时机主要是根据其所负责的某件事情进展而适时激励，分别给予事前、事中、事后三个不同阶段的激励。

4. 保持连续性

人的物质需求和精神需求是不断发展变化的，仅对社会体育指导员进行一次或几次行为激励是不够的，应采用及时的、持续的激励。

三、行为激励的持续性

社会体育指导员行为激励的可持续性，是指在满足现有社会体育指导员行为激励要求下，以不断满足社会体育指导员需要为基础，形成社会体育指导员行为激励发展空间和发展条件的动力机制，使社会体育指导员行为激励持续、稳定地发展。

鉴于此，要保障社会体育指导员行为激励的可持续性应从以下方面着手：

（一）制订保障制度，确保行为激励工作有法可依

没有规矩不能成方圆，一件事情的发展需要有一定的制度作保障，才能有效地开展各项工作。对社会体育指导员的行为激励要在制度上给予保障，建立切实可行的制度，确保行为激励工作有法可依。

（二）建立有效地激励机制，满足不同个体的差异性需求

一个组织激励机制要持续发展首先要具备实际效果（即有效），而要使激励机制有效，最重要的就是考虑个体的差异性需求，因为激励是针对个人的需求进行动机强化的过程。社会体育指导员队伍中不同层次的社会体育指导员的需求有较大差别，不同年龄、不同等级的社会体育指导员之间都有不同的需求。因此，社会体育指导员行为激励要实现可持续发展，就要立足其差异性，建立起多种方式并存且有针对性的有效激励机制。

（三）发挥负向激励约束机制的作用

负向激励是对个体违背组织目标的非期望行为进行惩罚，并以此弱化他们的某种行为动机。在社会体育指导员行为激励中，负向激励发挥的作用很小，主要由于传统观念认为社会体育指导员无偿工作，不应对其进行惩罚，往往造成一些社会体育指导员消极怠工。负向激励方式虽然从物质角度对社会体育指导员影响不大，但对其心理影响是巨大的，因为人格、信誉和社会影响是大多数社会体育指导员工作的动机。因此，应发挥好负向激励约束机制的作用，促进社会体育指导员行为激励可持续发展。

（四）全面权衡利弊，协调各种激励因素的平衡

在对社会体育指导员进行行为激励过程中，往往有一些组织目标的实现与激励机制建设的要求本身就存在矛盾的地方。例如，为提高社会体育指导员组织工作效率，我们有必要强化组织的竞争机制。但是，随着竞争力度的加大，必然会导致组织中人际关系的恶化。这就要求社会体育指导员组织管理部门在开展行为激励的过

程中要全面权衡利弊，统筹兼顾，有所侧重，以协调各种激励因素的平衡，更好地促进社会体育指导员行为激励的可持续发展。

（五）正确处理激励力度与激励机制建设成本的关系

正确处理激励力度与激励机制建设成本的关系是社会体育指导员行为激励可持续发展不可避免的问题。由于社会体育指导员组织是非营利性组织，经费有限，因此在激励方式和激励力度方面就只能实事求是，不可盲目攀比。

综上所述，保持社会体育指导员行为激励的可持续性，是各种因素综合作用的一个过程，具有一定的动态性。社会体育指导员组织要合理处理各种关系，促进社会体育指导员行为激励的可持续发展。

[思考题]

①——试述社会体育指导员组织建设的目标。②——社会体育指导员组织建设的内容有哪些？③——社会体育指导员岗位培训的内容有哪些？④——社会体育指导员行为激励有哪些方式？有哪些注意事项？

第十章　体育健身效果评价

本章导读—— 健康是人类追求的目标之一，科学健身是实现这一目标的重要手段。为了达到科学健身的目的，就有必要对体育健身效果进行评价，以便了解健身者选用的健身项目、采用的健身方式等是否符合健身者的个体情况。本章重点介绍评定体育健身效果的简易方法与指标，安静状态下和运动健身状态下体育健身效果的评定方法与指标，以及国民体质测定标准，为社会体育指导员指导群众健身提供科学的评定方法与标准。

第一节 评定体育健身效果的简易方法与指标

体育健身效果是指健身者在体育健身的影响下，各器官、系统在形态和机能素质等方面所产生的变化和反应。健身效果的测量与评定是指对健身者的身体形态、机能素质和健康状况等一系列属性及其特征的定性化和定量化的检查与评价。随时对体育健身效果进行检查与评价，可以避免体育健身过程的盲目性，及时修订健身计划，做到有的放矢地健身，以获得最佳的健身效果。

一、评定体育健身效果的几种类别

目前，评定体育健身效果的方法有很多种，这里主要介绍一些简易方法，社会体育指导员可根据不同需要加以选用。

（一）主观评价与客观评价

主观评价是体育健身者在体育健身过程中对自己的身体健康、功能状况以及体育健身效果进行观察和评价的方法。这是评价体育健身效果中最常用的方法，多采用主观感觉和客观检查进行，也可采用较为简易的定量测评方法。主观评价的特点是方式简便、及时、便于操作，也是体育健身者自身评定运动负荷大小、预防运动伤害和及早发现过度疲劳的有效措施。

客观评定检查是借助于测试仪器和设备来评价体育健身效果的方法。例如，对于一些需要测量速度、远度或需要计算数量的项目，可利用秒表、皮尺或计数（器）等来测量和评价。对完成动作的技术评价是由教练对练习者完成动作技术的正确性进行评价。客观评价是根据特定要求进行的，客观性较好，比较规范，但它需要一定的设备和仪器，需要开展一定的组织工作。

（二）单一指标测评与多指标综合测评

单一指标测评是仅选择一个指标对体育健身某一方面的效果进行的评价，如减肥锻炼中只采用体重测量法。这种测评方法较为简单，针对性强，能较灵敏地反映人在体育健身后某一方面机能和能力的改变情况。要使单一指标测评更为有效，重要的是选择合理有效地测评指标和进行科学的测定。

多指标综合测评是根据健身者的体质和特定的健身需要，精选出若干个测定指标，组成一个测定体系，对体育健身对象进行评定，再利用一定的权重比例对体育健身者的体育健身情况做出综合评判。例如，我国的“中国成人体质测量标准”就属于多指标综合测评体系。

（三）个体测评与群体测评

个体测评是以某人作为测评对象，运用相关手段、方式进行评价的方法。群体测评是在对个体进行测评的基础上，对某一特定群体中的成员进行身体状况和体育健身效果的测评，如针对某个学校学生进行的整体评价。掌握了对不同群体的身体状况和体育健身的测评结果，就可以进行不同群体之间的比较分析，而个体也可以用群体指标作为参照系，评价自身的身体状况，综合分析体育健身过程，并针对自身条件制订合理的体育健身计划。

（四）对健身结果的测评与过程测评

对健身结果的评测是对健身过程的终结性评价，是由果推因的评价。这种评价结果往往对提高体育健身者的积极性有直接的推动作用，但运用的周期比较长。

对健身过程的测评是健身效果的动态反映，由于它侧重于对健身行为本身的评价，方法简单，标准明确，周期短且成效明显，所以有助于体育健身者树立信心和促进人们参加体育健身。

（五）静态测评与动态测评

静态测评是在体育健身者处于静息或相对安静时所进行的测评，如测评体育健身者的基础体温、基础心率、血压等。

动态测评则是对体育健身过程进行的测评，如测定运动时心率的变化。静态测评主要是了解体育健身者的长期适应情况，以评价体育健身的效果，而动态测评则有助于了解体育健身者在运动时的身体反应及身体运动指标等。

二、体育健身效果评价的基本要求

（1）要根据评价对象的需要选择评价手段。体育健身效果的评价手段是多种多样的，每一种手段都有其专门的功能和作用，对评价器材、仪器和评价对象本身也有一定的要求。因此，要根据健身者的需要有针对性地选用。

（2）测评手段要可靠、有效、客观。测评的指标和方法要有代表性和多层次性，采用同类指标时可运用不同的测评手段，选择时要达到可靠、有效、客观。同时，也要考虑到安全的要求。

（3）在评定体育健身效果时，要考虑不同年龄（老年、中年、青年、少年等）、性别（女性、男性）和健身者所处的地域差异、季节和气候变化情况、健身者的个体身心特点等。

三、两种不同安静状态下健身效果的评定

用于评定体育健身效果的安静状态可分为两种：一般安静状态和清晨起床前的安静状态。

（一）一般安静状态

一般安静状态是指人体相对不运动的状态，是评定运动效果常用的一种机能状态。在通过测定某项生理指标来评定体育健身效果时，应排除运动、情绪波动、

疾病等因素的影响，而且最好不要在体育健身后进行，以避免由于体育健身后恢复时间的不同对测定结果产生影响。对于一些受心理因素影响较大的指标，如呼吸频率、血压等，最好能够控制其影响因素。

（二）清晨安静状态

清晨安静状态是指人体在早晨清醒、空腹、起床前的安静状态。由于在这种状态下十分接近人体的基础状态，所以在清晨安静状态下进行测定受内、外环境因素的影响较小，因而更能客观反映体育健身对人体生理机能所产生的影响。

四、安静状态下评定体育健身效果的生理指标

（一）心率

长期坚持进行体育健身，人安静时的心率会下降，这是身体机能的良好反应，是由于体育健身增强了心脏的收缩力量，使心脏的每搏输出量增加，在心脏血液输出量变化不大的情况下，心脏每分钟收缩的次数就会减少，这种变化有利于提高心脏的功能。一些优秀的耐力运动员安静时的心率为每分钟50～60次，最低者仅为每分钟30次。人在安静状态下，同时心率下降，则表现为心脏的收缩功能强，潜力大，但应用这一指标来评定健身效果仅适合于从事以有氧运动为主的人，长期从事力量和速度锻炼的人安静时的心率并不一定会下降。

（二）血压

体育健身对不同人群血压的影响有所不同，在评定健身效果时应考虑这一特征。一般来说，体育健身后，安静时血压下降是生理机能的良好反应，血压下降说明体育健身提高了血管弹性，使血管缓冲血压变化的能力增强，这对于老年人来说尤为重要。同时，体育健身对一些低血压患者来说，可以使血压增高，这主要是由于体育健身增加了心脏收缩力量的原因。所以，体育健身对调节人的血压具有双向作用。

（三）肌肉体积

肌肉体积是评定人体运动系统体育健身效果的主要指标，经过体育健身后，人

的肌纤维增粗，肌肉体积增大，说明体育健身对肌肉产生了良好的影响。测定肌肉体积变化的简单指标是测定臂围和腿围的变化，但具体测定时可能会由于体育健身减少了皮下脂肪含量，而使肌肉体积增加不明显。所以，采用肌肉体积评定健身效果时，最好同时测定体重、臂围和肌肉力量等指标的变化，进行综合评定。

肌肉力量是指肌肉收缩产生的力量，不同肌肉群、不同关节角度和不同收缩速度产生的肌肉力量不同。但对人体的某一块肌肉来说，肌肉力量在一般情况下是相对恒定的。以肌肉力量作为评定体育健身效果的指标时，多用简单的肌肉力量测定计测定健身者肌肉群的最大肌力，也可测定身体承受一定负荷的重复次数。

肌肉力量是一项比较敏感的指标，经过一段时间的体育健身后，特别是有针对性的力量锻炼后，肌肉力量就会明显增加。因此，肌肉力量是评定短时间体育健身效果的指标。应用肌力指标评定健身效果，最好在力量练习的几天或一周后进行，因为在力量练习后的第二天，可能会由于身体疲劳或肌肉疼痛而影响评定效果。

（四）肺活量

肺活量的大小是衡量呼吸系统机能的一项理想指标，对评定少年儿童的生长发育尤为重要。体育健身后肺活量增加是机体机能反应的适应性变化。测定肺活量的同时，可测呼吸差的变化。呼吸差是指吸气末胸围和呼气末胸围的差值，呼吸差越大，说明呼吸功能的潜力越大，表明体育健身的效果越好。

（五）呼吸频率

体育健身后呼吸频率的变化可以在很大程度上反映肺通气功能的变化。人体安静时的呼吸频率为每分钟12～16次（少儿为每分钟20～24次）。体育健身时呼吸频率会明显增加。呼吸频率可以通过胸廓的起伏次数来测定。

呼吸频率受主观因素的影响较大，如果直接告诉受试者测定呼吸频率，受试者则会有意识地控制呼吸频率。所以，在测定呼吸频率时最好通过转移注意力的方法测定。例如，在测量心率的同时，测定呼吸频率，或在受试者不知道的情况下测定，以免由于心理因素的干扰而影响测定结果。

（六）体育健身时间

体育健身时间一般是指在一次体育健身过程中从运动开始到身体感到疲劳而停

止运动的时间。一般是通过健身者的主观感觉去判断疲劳和终止运动。由于这一指标是通过健身者自己去感受，所以，健身者在应用时应做到前后一致，以保证客观性。

用体育健身时间来评定体育健身效果也是比较敏感的，一般通过短时间（两周左右）的体育健身，体育健身时间就可延长。另外，在运用这一指标时，也可用同样的健身时间但不同的身体感觉来评定健身效果，如果同样的运动时间，而身体的疲劳反应程度变小，则说明身体机能有所提高。

第二节 体育健身效果的评定方法与指标

体育健身效果的评定一般包括常用运动负荷试验、定量负荷时评定体育健身效果的生理指标两部分。

一、常用的运动负荷试验

安静状态下，体育健身对身体机能的良好影响并不能完全显示出来。因此，为了客观、全面地评定体育健身效果，在评定体育健身效果时应施加一定的运动负荷，而且最好是亚极量负荷。用于评定体育健身效果的运动负荷试验主要有以下几种：

（一）30秒20次蹲起

这是评定体育健身效果时常用的一种定量负苘试验。健身者静坐片刻后，测定安静时的脉搏和血压。预备姿势时，要求健身者身体直立，呈立正姿势；听到开始口令后，在30秒内以每1.5秒1次的频率做蹲起动作20次，要深蹲，脚跟不离地，两臂前平举；做完后立即测受试者10秒脉搏次数，在随后50秒内测血压。如此测脉搏和血压连续3次，以评定受试者的身体机能。负荷结束后脉搏上升不多，血压中等升高，3分钟内基本能恢复者身体机能良好。负荷结束后脉搏明显上升（增加率超过70%），血压升高不明显，或明显但3分钟内均未恢复者身体机能较差。

（二）台阶试验

受试者以一定的频率上下一定高度的台阶，持续一段时间，根据登台阶结束后恢复期的脉搏变化来评定心脏的功能。频率和台阶高度可根据健身者的具体情况而定，一般台阶高度为40～50厘米比较合适。如果一旦确定了台阶试验的频率、高度和时间，就应该保持前后测定方法一致。这里推荐一种评价心血管机能的哈佛台阶实验：受试者以每分钟30次的频率上下50厘米高的台阶，持续5分钟，要求严格按照动作规范和既定频率完成试验。上台阶时，双脚应站在台阶中央；下台阶时，全脚掌着地。身体和膝关节应充分伸直，不要跳跃和故意用力蹬踩，如果中途连续20秒不能跟上节奏，应立即停止，并记下持续时间。运动停止后立即坐下，测量健身者第1～1.5分钟的脉搏，然后代入下面的公式：

身体功能指数 = 运动时间（s）×100 / 5.5 × 脉搏数（30 s）

得出结果后，可按下列标准评定身体机能：50以下为“差”；50～80为“中”；80以上为“良好”。

（三）使用习惯的体育健身方式进行测试

体育健身者也可以选择体育健身中常用的运动方式（如长跑者可在规定的时间内跑完3000米，健美爱好者可以跳一套健美操等）在体育健身后测定各项身体指标。在确定运动负荷时，强度不宜过大，以相当于自己极限能力的60%为宜，而且定量负荷要求在不同的体育健身时期的运动强度要一致，即测定同等情况下身体机能的改善状况。

二、定量负荷时评定体育健身效果的生理指标

（一）心率

经常参加体育健身的人在完成定量负荷时，心率增加的幅度常常比不参加体育健身的人要小。其主要原因有两个：一是由于经过训练后，人的身体机能有所提

高，定量负荷对身体机能的影响相对较小，心脏本身的反应就小。二是由于经常参加体育健身者的心肌力量较强，心脏每次跳动的血液输出量相对较高，而没有体育健身习惯的人主要靠增加心率来适应肌肉工作，而心率的过分增加反而会使心输出量下降。所以，在定量负荷后心率下降是心脏功能提高的表现。

（二）血压

在定量负荷运动后血压会产生不同的变化。收缩压升高、舒张压下降或不变、脉压增加说明训练效果良好。收缩压升高表明心脏收缩力量增加；舒张压下降表明外周阻力减少；脉压增加表明血液流向肌肉等外周组织的血流量增加。运动后收缩压、舒张压都上升，脉压增加，也是心血管机能提高的表现。如果定量负荷后，脉压下降则说明身体机能较差。

（三）肺通气量

通过长期训练，在完成同样的运动负荷后，肺通气量不变或下降表明身体机能提高。在进行定量负荷后，身体出现了机能节省化，即用比以前小的机能反应就能完成同样强度的工作。而且由于身体机能得到提高，在完成运动负荷时，呼吸深度明显增加，而呼吸频率适度减少。

（四）恢复时间

体育健身提高人体生理机能的另一个表现是在完成定量运动负荷后，各项生理指标的恢复速度明显加快。在进行运动效果的生理评定时，可选择一些简单的指标（如心率、血压等），如果经过一段时间体育健身后，心率或血压的恢复时间缩短，则表示体育健身提高了人体的生理机能。

三、评定体育健身效果应注意的事项

由于健身者参与体育健身的项目不同、持续参与体育健身的年限不同以及健身者自身的情况不同（如年龄、性别、健康状况、工作性质等），因此，在评定体育健身效果时应注意以下问题：

（一）活动项目的特点

不同的运动项目对身体机能的影响不同，所以在评定体育健身效果时需要考虑到体育健身项目不同的特点。力量性体育活动能够大幅度增加肌肉力量和肌肉体积，但是对心肺功能的改善不明显。长跑健身能够显著提高人的心肺功能，长期健身后健身者安静时的心率往往会下降。而健美操对身体机能产生的影响可能不会表现在安静时的心率下降，所以在评定健身效果时，要选择与体育健身形式相适应的、敏感的生理指标。

（二）体育健身的年限特点

有一些生理指标经过短时期体育健身后就能出现较明显的变化，如肌肉力量，而有一些指标则需要经过长期的健身才会出现变化，所以不能用短时间的运动效果来评定。

（三）评定方法要前后一致，必须具有可比性

在评定体育健身效果时，不同时期所采用的评定方法要前后一致，包括测定时间、运动负荷强度、测量部位等。因为只有测定方法统一了，才具有可比性，前后比较得出的结果才有意义。

（四）指标的变异特征

一般来讲，任何生理指标在健身的初期都能够轻易得到明显的提高，然而达到一定程度后，健身者就会发现自身的这些指标会逐渐趋于一种稳定状态，想要再继续提高就比较困难，甚至停滞不前。所以，想要无限制地增强身体机能的想法是不理智的，甚至会导致不可逆转的运动伤害。作为非专业运动员的普通健身者，只要通过健身保持自己已提高的身体机能不下降，就可视为达到了良好的健身效果。

（五）健身者自身的差异特征

健身者是一个涉及面宽、年龄跨度大、男女性别不同的群体，他们的健康状况、工作性质、健身时间、持续健身的年限以及参与活动的项目等都具有很大的差异。因此，在评定体育健身效果时应注意做到区别对待，科学判定。

第三节 体质测定标准的基本内容

《国民体质测定标准》根据我国国民的年龄与性别特点，将3～69周岁的国民按年龄分为幼儿、青少年、成年人和老年人4个部分。本节仅介绍《成年人体质测定标准》和《老年人体质测定标准》的评价指标。

《成年人体质测定标准》和《老年人体质测定标准》对体质的评定分为单项指标评分和综合评定两方面，均采用百分位数法制订，综合评定采用各单项指标得分等权相加的方式制订。测试项目包括身高、体重、肺活量、反应时、纵跳、俯卧撑、握力、坐位体前屈、台阶试验等（表10-1、表10-2）。

▶表10-1 成年人体质测定标准的评价指标

类别	年龄段	测试指标
形态	20~39岁	身高、体重
	40~59岁	身高、体重
机能	20~39岁	肺活量、台阶试验
	40~59岁	肺活量、台阶试验
素质	20~39岁	握力 俯卧撑（男） 1分钟仰卧起坐（女） 纵跳 坐位体前屈 选择反应时 闭眼单脚站立
	40~59岁	握力 坐位体前屈 选择反应时 闭眼单脚站立

▶表10-2 老年人体质测定标准的评价指标

类别	测试指标
形态	身高、体重

续表

类别	测试指标
机能	肺活量
素质	握力 坐位体前屈 选择反应时 闭眼单脚站立

《成年人体质测定标准》和《老年人体质测定标准》中的各个单项测定采用5分制评分法，同一年龄阶段评分标准相同。根据受测者全部项目测定的总分进行评定，标准分为三个等级，即一级（优秀）、二级（良好）、三级（合格）。只有所测项目获得一定的分数，才能达到相应的标准。“标准”还对各项目制订了详细的测定规则和要求。从近年来“标准”实施的情况看，它作为贯彻《全民健身条例》的重要一环，对于有效地评价和提升我国国民的体质和健康水平，提高体育健身活动的科学性发挥着重要的作用。

［思考题］

①——举例说明单一指标测评与多指标综合测评的异同点与特点。②——举2~3例解读安静状态下评定体育健身效果的生理指标。③——怎样做台阶试验？台阶试验计算方法与评定标准是什么？④——网上搜索《成年人体质测定标准》和《老年人体质测定标准》评分表。⑤——评定体育健身效果时应注意哪些问题？

第十一章　康复体育方法介绍

本章导读——　在现实生活中，有些人由于长期的不良行为模式和不合理的饮食生活习惯，或在生活、工作、运动中因不慎而导致躯体或内脏系统出现功能障碍，甚至疾病，给其正常生活带来许多困扰。对以上功能障碍或疾病，除了药物治疗外，康复体育干预也是改善、适应、代偿和替代治疗最有效的手段。体育矫治方法属于康复体育方法的一类，主要作用是改善、调节和维持人的身体姿势和肌肉功能。社会体育指导员在健身群众中常会遇到患有慢性病或肢体畸形的人，因此需要掌握这方面的知识和技能。本章主要介绍几种常见慢性病的体育康复方法和几种主要肢体畸形的体育矫治方法。

第一节 几种常见慢性病的体育康复方法

体育康复方法是运用康复医学和体育学的理论，采取各种身体练习或借助一定的体育器械来预防和治疗伤病、促进身体功能康复的手段和途径。本节主要介绍几种常见病的体育康复方法。

一、颈椎病

颈椎病治疗的目的是缓解或消除症状和体征，延缓或消除病变组织的进一步发展，恢复功能和防止复发。体育康复的主要作用是通过颈背部的肌肉锻炼，增强颈背部肌肉力量，以保持颈椎的稳定；通过颈部功能练习，恢复及增进颈椎的活动功能，防止僵硬，改善血液循环，促进炎症消退。治疗颈椎病的体育康复方法主要是颈椎操，动作如下：

（一）左顾右盼

预备姿势：两脚分开，与肩同宽，两臂自然下垂。

动作：头颈慢慢向一侧转动，直至看到肩部，保持3～5秒，还原。再转向对侧，重复5～10次。要求动作缓慢，幅度要大，使肌肉、韧带等组织受到充分牵拉。自我感觉颈部有酸胀感。

（二）健侧牵伸

预备姿势同前。

动作：头颈向健侧缓慢侧屈，同时患侧手臂伸直用力下压，保持3～5秒，这时患肢可能会感到舒松或手臂部有发麻感，重复5～10次。如果是双手臂发麻疼痛病人，此节不做。

（三）夹脊牵颈

预备姿势：两脚分开，与肩同宽，双臂体侧叉腰。

动作：两臂用力向后，尽量使两肩胛骨靠近脊柱，同时挺胸、头稍低，后颈向上拔，静止用力，保持10秒左右，然后还原，重复10余次。要求做到肩胛部出现酸胀，颈项部感到舒适。

（四）抗阻后伸

预备姿势：两脚分开，与肩同宽。

动作：双手托住颈枕部，用力向前上方提拔，同时头颈用力向后靠以对抗两手的用力，静止对抗3～5秒，然后还原，重复10次。要求做到颈项部感到发热、酸胀。

（五）颈项环绕

预备姿势：两脚分开，与肩同宽，双手叉腰。

动作：头颈放松，呼吸自然，缓慢转动颈部，幅度要大，顺时针、逆时针旋颈交替进行，重复10次。

二、肩周炎

在疼痛基本缓解后或在疼痛能够忍受的范围内，应积极地、有计划地进行幅度较大的关节主动运动训练，以松解粘连。主要方法是使患肩周炎一侧的肩部主动做内旋、外旋、外展、环转、上举等运动。同时要加强肩部肌群力量的锻炼。具体做法如下：

（一）患臂下垂摆动训练

躯体前屈，患臂自然下垂，放松肩关节周围的肌腱，患臂向前后、内外摆动，并做画圈运动，摆幅逐渐增大，每次训练的时间较长，直到手有麻木感为止。如果情况允许，患者可手持1～2千克的重物进行训练，每天练两次。

（二）棍棒操

双手以不同姿势握棒，做前平举左右摆动、上举左右摆动或在体后做左右摆动和上下移动。

（三）“爬墙”训练

患者直立面对或侧对墙壁并与之贴紧，将患肩周炎一侧的手掌贴墙，并用手指缓慢地顺着墙壁向上“爬”，直到肩部出现疼痛为止。重复以上动作并尽力使每次向上爬的高度超过前一次，直至肩关节能够完全上举。

（四）器械训练

利用肩梯（面对或侧对肩梯，做肩关节前屈和外展训练）、肩轮（调节肩关节训练器手柄直至上肢完全伸直，做圆弧动作）、吊环（通过滑轮，用健肢拉动患肢做外展和前屈动作）、拉力器（手握拉力器做不同方向的力量训练，以锻炼肩部肌肉）等训练肩关节。

三、腰椎间盘突出

运动训练是腰椎间盘突出症（急性期除外）患者进行主动康复的体育疗法之一。其主要作用是提高腰背部肌肉张力，改变和纠正力线异常，增强韧带弹性，活动椎间关节，维持脊柱的正常形态。具体做法如下：

（一）五点支撑训练法

取仰卧位，用头、双肘及双脚跟着床，使臂部离床，腹部前凸如拱桥，少顷放下，重复进行。

（二）三点支撑训练法

在运用五点支撑训练法进行锻炼的基础上，待腰背部稍有力量后改为三点支撑法。患者取仰卧位，用头和双足跟支撑身体，抬起臀部，或取俯卧位，双手后伸至臀部，以腹部为支撑点，胸部和下肢同时抬起离床，犹如飞燕，然后放松。

四、冠心病

研究表明，体育健身对冠心病患者具有良好的康复作用，益处大于危险，但如果运动不当，也可能会产生危险，这主要与年龄、病情和运动强度有关，只要采取一定的预防措施，就可以提高运动的安全性。

冠心病的康复可分为住院期（急性期）和出院后康复期。出院后的康复期又可分为慢性期和病情基本稳定后的稳定期。一般情况下，住院期冠心病患者的康复需要在医生指导下，并按照专门的程序进行。下面主要介绍稳定期患者的体育康复锻炼。

（一）运动方式

冠心病稳定期患者应以有氧训练为主，辅之以力量训练和柔韧性训练。可以选择步行、骑功率自行车、跑台、游泳、气功、太极拳等运动方式。

（二）训练形式

冠心病患者的训练方式可以分为间断性运动和连续性运动。间断性运动是在基本训练期有若干次高峰靶强度，高峰强度之间强度降低。其优点是可以在较短的时间内获得较强的运动刺激，不至于引起不可逆的病理性改变；缺点是需要不断调节运动强度，操作比较麻烦。连续性运动使训练的靶强度持续不变。其主要优点是简便，患者比较容易适应。

（三）运动负荷

运动负荷是体育康复的核心，只有达到一定的阈值才能产生训练效应。

1. 运动强度

康复训练所要达到的基本训练强度也称为靶强度，可用达到最大心率（HRmax）百分比、心率储备、最大摄氧量（VO_2max）表示。靶强度与最大强度的差值是康复训练的安全系数。靶强度一般为40%～85%最大摄氧量或60%～80%心率储备，或70%～85%最大心率。靶强度越高，获得心肺功能训练效应的可能性就越大。

2. 运动时间

运动时间是指每次进行运动锻炼的时间，靶强度确定后，一般应持续10～60分钟。在额定运动总负荷的前提下，训练时间与强度成反比。准备活动和结束活动时间另外计算。

3. 训练频率

一般每周训练3～5次即可。

（四）注意事项

只在自身体力状况感觉良好、无明显症状时进行运动，运动过程中如果出现异常症状（如胸闷、心前区疼痛、无力、气短等），应立即停止运动，及时就医，实施运动处方时，要循序渐进、逐步适应，避免做竞技性运动，并根据个人情况及时对运动处方进行调整。

五、高血压

高血压是指由于动脉血管硬化以及血管运动中枢调节异常所造成的动脉血压持续性增高的一种疾病，又称为原发性高血压。继发于其他疾病的血压升高不包括在内。高血压是最常见的心血管疾病之一，按世界卫生组织的高血压诊断标准，收缩压大于140毫米汞柱，舒张压大于90毫米汞柱者可诊断为高血压。体育康复方法主要适用于血压轻度或中度升高（轻度：安静时舒张压在90～99毫米汞柱，中度：安静时舒张压在100～109毫米汞柱），且无其他合并症状的原发性高血压患者。如果有心、脑、肾等重要脏器合并症时，需要进行相应的治疗，待病情稳定后，再根据具体情况进行训练。具体做法如下：

（一）有氧训练

有氧训练主要侧重降低外周血管阻力，强调以中小强度、较长时间、大肌肉群参与的动力性、周期性运动（中低强度有氧训练），如步行、慢跑、气功、太极拳、放松疗法等。

（二）循环抗阻力训练

在一定范围内，中小强度的抗阻力运动可产生良好的降压作用，而并不引起血压的过分升高。锻炼时，可以采用循环训练法，选择10～15个大肌肉群练习，负荷强度为1RM（RM是指最大重复次数的重量或一定重复次数的最大重量）的40%～50%，每个动作练习8～15次，组间休息15～30秒。进行循环练习时，要注意调节呼吸，不要憋气，控制好靶心率，每周锻炼3～5次，8～12周为一个疗程。逐步适应后可按每周5%的增量逐渐增加运动量。

（三）太极拳

太极拳动作柔和，姿势放松，意念集中，强调动作的均衡和协调，有利于高血压患者放松和降压。一般可选择简化太极拳或单个太极拳动作进行训练，不宜过分强调高难度和高强度。

（四）注意事项

锻炼要持之以恒，停止锻炼后，训练效果会在两周内消失；不要轻易放弃药物治疗，因为运动疗法只是作为治疗高血压的辅助疗法，不能完全替代药物治疗，停药或减药量要在医生指导下进行，锻炼前后要注意监测血压和症状，出现异常症状时要及时就医，并调整运动处方。

六、糖尿病

糖尿病是一种由遗传因素和环境因素相互作用所致的，以持续性血糖升高为特征的代谢障碍性疾病。饮食疗法、运动疗法和药物治疗是糖尿病治疗的三大有效方法，缺一不可。

（一）运动种类

糖尿病患者的运动锻炼应选择中等强度的有氧运动。较长时间、全身大肌肉群参与的有氧运动可以增强心肺功能、改善体内新陈代谢、纠正血糖和血脂代谢紊乱、提高胰岛素受体的敏感性。比较适合的运动方式有步行、慢跑、游泳、划船、骑自行车、爬山、徒手体操、健身球、跳舞、球类活动等。同时，在进行有氧运动时可适当加入肌肉力量训练的内容。

（二）运动强度

一般认为运动强度达到60%~80%最大心率时才能改善代谢功能。靶心率的确定最好通过运动强度试验获取。

（三）运动时间

运动时间可以从每次10分钟开始，逐步延长至每次30~60分钟（包括准备活动与整理活动在内），达到靶心率的累计时间以20~30分钟为佳。运动时间过短，起不到改善体内代谢的效应，运动时间过长，易产生疲劳、诱发酮症，加重病情。

（四）运动频率

每周至少运动3次，为养成运动习惯，可以每天锻炼一次。如果间歇时间超过3 ~ 4天，运动效果的累积作用就会下降，难以产生疗效。

运动后要注意自我感觉，并据此调整运动负荷。通常情况下，运动后心率应在休息后5~10分钟内恢复到运动前水平，如果恢复过慢，说明运动负荷过大。每次运动后如果感觉良好，精神、睡眠均佳，说明运动量合适或可适当增加运动量。否则就要调整运动处方，甚至停止运动。

通常以餐后运动为宜，但要注意避开药物作用的高峰期，以免出现低血糖。例如，普通胰岛素的高峰时间为注射后2~4小时，口服降糖药后的血药浓度峰值因品种不同而存在一些差异。因此，一般以餐后30~60分钟进行锻炼为宜。

（五）注意事项

锻炼的同时，不要停止服用降糖药；运动治疗要持之以恒，长期坚持才能取得预期疗效；运动负荷要合适，否则过度劳累可能会引起酮症，加重病情；随身携带饼干或糖果，必要时食用，以防止发生低血糖；餐后1小时左右再进行运动比较适宜；锻炼时注意穿合适的运动服装，鞋袜不宜过紧，选择较软的运动鞋，以免运动中因摩擦造成皮肤破损（不易愈合）；在实施运动处方的过程中，要循序渐进，从小运动量开始逐步增加，运动前、中、后注意监测血糖、尿糖及症状变化，并根据具体情况及时调整运动方案。

第二节　几种主要肢体畸形的体育矫治方法

体育矫治方法是在有利于矫正畸形的预备姿势下，选择性地进行增强肌肉的练习，以增强因畸形牵拉而削弱了的肌肉力量，加强畸形矫正的肌肉群，同时牵伸由于畸形的影响而缩短的肌肉和韧带，达到矫正脊柱和胸廓畸形、扁平足以及由外伤引起的畸形的目的。

一、脊柱侧凸

下面的方法均以胸椎向右侧弯曲为例，如果是左侧弯曲则只需相应改变方向即可。

（一）俯卧向前伸臂

患者在垫子上或床上俯卧挺身，左手全力向前伸直，右手后伸，同时做抬头挺胸动作。重复20～30次，共练习4组。

（二）站立转体

患者两脚开立与肩同宽，两臂侧平举，躯干向左侧扭转，做转体运动。完成一次转体后，两臂轻置于体侧，再重复上述动作（不要做另一方向的转体动作），在做动作的过程中要强调双腿伸直，不要移动双脚，以免降低练习效果。重复20～30次，共练习4组。

（三）单臂外振

患者身体直立，两脚开立与肩同宽，右臂侧平举，然后空手用力水平外展振举到极限，再用力水平内收到极限，做30～50次；最后手持重物（2.5～5千克）重复做15~20次，共练习4组。

（四）持棒向侧上方摆动伸展

俯卧在垫子上，两手间距比肩宽，持棍棒（或绳子、毛巾）抬起胸部挺腹，弯曲左臂，伸直右臂，用力向右侧做摆振式侧体运动，并同时使上体和两臂尽力向上抬起。如持绳子或毛巾，务必绷紧，不让其放松下沉。重复20～30次，共练习4组。

（五）悬吊摇摆

此动作要借助单杠或类似单杠的装置进行。练习者面对单杠，双手直臂攀握使身体悬垂，然后慢慢向左或向右摆动腰腿，同时顺势移动攀握单杠的双手，以使弯曲的脊柱逐渐拉直。重复练习，不计次数。

（六）单臂悬垂运动

左臂手握单杠悬垂20～30秒，跳下休息1分钟，重复练习6～8次。

（七）哑铃运动

患者身体直立，两脚开立与肩同宽，左手持哑铃（10～15千克），向上举起时将臂伸直，放下时屈肘，哑铃举至肩侧为1次，自然呼吸。重复10～15次，共练习4组。

（八）单臂拉引橡皮筋

患者身体直立，两脚与肩同宽，右手握橡皮筋一端（另一端挂在固定物上），左臂侧平举，用力向身体另一侧拉引。重复30～50次，共练习4组。

（九）挺拔站立

双足平行靠墙站立，使双肩及髋部紧贴墙壁，使头颈及脊柱尽力向上挺拔。

采用上述矫正训练方法的重点是加强脊柱较弱一侧的肌肉力量，逐渐把侧凸的脊柱拉直。同时，还要注意经常保持较好的动作姿势，从而达到辅助矫正脊柱侧弯的目的。在坚持保守治疗的情况下，仍应定期复查X光片，若脊柱弯曲还在发展，则需要及时到医院就诊，采取手术治疗的方法，以免延误最佳治疗时机。

二、驼背

（一）蛇背的体育矫治方法

（1）患者取仰卧位，背下垫高枕，全身放松，持续15分钟。

（2）患者取俯卧位，腹下垫高枕，上肢向身体两侧伸展，然后两臂后伸，抬头，躯干后伸，5秒后还原，重复多次。

（3）患者取俯卧位，腹下垫高枕，上肢弯曲放置于头的两侧，然后上体后伸，两臂用力后伸，重复多次。

（4）患者取仰卧位，两手交叉放于头后，两膝屈立，腹肌用力使身体坐起，重复多次。

（5）患者面对墙站立，脚下垫一块砖，两脚尖并拢，双臂前伸，上身前倾，以掌心推墙，做5秒放松一次，重复多次。

（6）患者取俯卧位，腹下垫高枕，上肢伸直放于身侧，下肢向上抬起，头向前昂，双臂向上抬并保持平举，5秒后还原，重复多次。

（7）头枕部、双肩、臀部和脚跟紧靠墙，尽可能长时间地保持这种姿势。

（8）头顶实心球或沙袋沿着跑道线做前进或后退的行走，也可利用田径场边缘的水泥线做平衡走的练习。注意始终保持抬头挺胸的身体姿势，这既可从姿势上进行强化训练，也可使保持身体正确姿势的肌肉得到锻炼。

（二）配合矫正姿势性驼背的体育保健操

（1）"耸肩缩脖"运动：双足开立，两臂自然下垂，用力向上耸肩，脖子用力下缩。向上耸肩时吸气，下落时呼气，一上一下要有节奏，速度不要快，肩耸到极限点时稍作停顿（约5秒）。如此上下反复做20次。

（2）单肩车轮转运动：双脚分开，自然直立，两臂自然放松下垂，以肩为轴，做肩部绕环动作。左肩做若干次后，再做右肩，两肩也可同时进行。每天做3组，每组时间控制在3分钟左右。做动作时，既可以前后交替转动，也可以左右两臂同向进行。转动时幅度越大越好。

（3）双肩大车轮运动：两膝跪地，或双腿伸直坐在地上，两臂呈侧平举，手指和手腕向两侧充分伸直、展平，以肩为轴，两臂在肩两侧做画圆圈的动作，即肩大绕环动作。做动作时，幅度逐渐由小变大，以使肩、胸、背充分舒展，这样可使由于写字姿势造成的疲劳得到充分的缓解。每天做3组，每组时间控制在3分钟左右。

（4）站立"游泳"运动：双脚并立，左右手臂伸直，轮流交替做向后划水的动作，犹如仰泳时手臂划水一样。连续做20次后，再换方向，向前划动，犹如自由式游泳的动作。手臂向前或向后划动时要以肩为轴，身体不要前屈或后倾。每天做

3组，每组时间控制在3分钟左右。

（5）“螺旋桨”转动运动：双脚开立，上体保持正直，以两肩为轴，先做两臂体前交叉，然后双臂同时向外、向上转动，再还原为两臂体前交叉。此动作连续进行，犹如飞机螺旋桨飞快地转动，不仅可使肩胛骨得以充分舒展，还可使双臂伸直朝同一个方向转动。转动时上体不要前屈。每天做3组，每组时间控制在3分钟左右。

三、平背

平背也称为直背，是指胸弯后突和腰弯前突均减小，背部平直。平背的患者多由于骨盆倾斜，腰椎前弯，髋关节伸肌短缩，屈肌和髂骨大腿韧带过度伸展所致，此类患者应做全身的体操训练。

（一）四肢爬行的体位体操

患者取四肢爬行的姿势，做使腰部后凸与前凸，向左、右侧屈，上半身向左、右旋转等动作。以上动作根据体力情况反复进行，30秒内完成3～6次。

（二）立位体操

方法一：

患者站立，腰部挺直，两腿稍分开，反复做3次体前屈，两臂上举，向后伸展，身体先向右深屈，再向左深屈，然后向左、右旋转。

方法二：

（1）患者背向肋木，小腿紧贴肋木，身体尽量前弯，上肢伸直尽量握低的横梁，屈肘。

（2）患者背向肋木，距肋木半步，双手上举，握稍低一些的横梁，两臂伸直，充分挺胸。

（3）患者侧向肋木，两脚分开，外侧上肢从头上越过握横梁，内侧上肢握平腰高度的横梁，外侧膝关节屈曲，两上肢充分伸展，做体侧屈。

（4）患者面向肋木，直腿坐位，脚尖挂住最下面的横梁，身体充分向右旋转，然后向左旋转。

四、鞍背

鞍背是指腰弯前突大于5厘米以上，形似马鞍。

（一）利用肋木的训练

患者取仰卧位，两手上伸，握住肋木的横梁，屈体，两脚上举，脚尖抵住肋木的横梁，腰椎后弯的同时腹肌用力（训练有困难者必须由治疗师协助），右脚离开横梁，向上伸，再复原。然后左脚再做同样的动作。

（二）利用斜台的训练

患者坐在斜台的一端，缓慢地改为仰卧位，双腿屈曲，头、背、腰、臀部贴在台面上，全身放松，两脚做蹬自行车的动作。治疗师可握住患者的脚踝，令其伸展下肢或尽量屈膝。

（三）利用肋木和垫子的训练

患者仰卧于治疗垫上，两手握住肋木的横梁，上半身固定，两腿屈曲，背部变圆，下半身向右转体，保持以上姿势向左转体，上述动作重复8次，或患者抓住肋木的横梁伸展两腿，腰部向后成弓形。

（四）对鞍背矫正的主动训练

患者取四点爬行的姿势，将左脚通过两手之间向前伸，两手上举，呈水平位，背部挺直（此时绝不要使脊柱过度伸展），然后再改用右脚做该动作。做动作时，身体尽量前屈，两手扶地做猴行。

五、“O”型腿

“O”型腿在医学上称为膝内翻，俗称“罗圈腿”“弓形腿”“箩筐腿”。它指的是在膝关节处，小腿的胫骨向内旋转了一个角度，故此称为“膝内翻”。人在双足跟、足掌并拢，双腿放松直立时，如果两膝之间的距离大于1.5厘米，就可以判定为“O”型腿。常态膝距在3厘米以下的为轻度；膝距在3～10厘米的为中度；膝距大于10厘米的为重度。

非手术矫正方法的好处是费用低、风险小，缺陷则是主动治疗，见效慢，需要长期坚持。没有恒心就达不到矫正目的。具体做法如下：

（1）直立，两脚并拢，两手扶膝，两膝向正前方，做下蹲起立运动，在2分钟内匀速做20～30次。

（2）弯腰，两手扶膝，做向左的和向右的绕环运动，在1分钟内匀速做20～30次。

（3）两脚开立，略比肩宽，弯腰，两手扶膝，两膝向内相靠，坚持10秒，做5～10次。

（4）两脚平行站立，先以脚跟为轴，做脚尖外展和内旋运动；再以脚尖为轴，做脚跟外展和内旋运动，5分钟内各做20～30次。

（5）坐在椅子上，尽力用小腿夹住书，坚持30秒，做3～5次。

（6）跪坐在腿上，塌腰，两脚慢慢向外、向前移动，腰部随之也逐渐挺直，做15～20次。

（7）双手叉腰，上体保持直立，双腿张开15～20厘米，脚尖略微向外，吸气时两膝靠拢慢慢下蹲，尽可能深蹲并停留片刻，感到腿部肌肉紧绷；呼气时慢慢打开双膝，双腿伸直站立，重复10次。

（8）弓步侧压腿，每条腿交替压30次为1组，做2组。

（9）杠铃夹腿深蹲：肩负中等重量的杠铃，两腿分开约同肩宽，慢慢下蹲至全蹲（膝关节角度小于90°），然后快速夹腿直立，每组做8～10次，20分钟内做4～6组。

（10）并腿蹲起：两脚及两腿并拢，俯身站立，双手扶膝，做往里推夹的动作（两腿不要分开），接着做1次下蹲和起立动作，再做1次向左和向右转动膝盖的练习。如此反复，每15次为1组，共做3组。

（11）两腿做外摆和内夹练习，每15次为1组，共做4组。

六、扁平足

扁平足（骨科）主要是由于某些原因使足骨形态异常、肌肉萎缩、韧带挛缩或慢性劳损，造成足纵弓塌陷或弹性消失而引起足痛，又称为平足。扁平足是一种很常见的足部畸形。这种畸形越早治疗越好，15岁以下的儿童买一双专门用于矫正扁平足的病理鞋，即可得到矫正。年龄稍大者，在穿此鞋的同时，还应做如下矫正锻炼：

（1）拣豆，即用脚趾把撒在地上的黄豆粒拣起，每日两次，每次拣40～50粒。

（2）滚圆木，即将一根直径约5厘米的圆木棍放在地上，用脚心踩住圆木棍用力滚压，然后再用手按摩脚部肌肉，每日两次，每次滚10分钟。

（3）踢毽子，每日两次，每次踢10分钟。

（4）脚尖走、脚跟走、脚外侧着地走，每日两次，每次3分钟。

（5）两腿前伸，用力勾脚尖或绷脚尖，每次动作持续20秒。

（6）用脚趾夹物（小球、沙袋等），左右脚交换做。

（7）两脚心合抱一个小球，向前后左右揉动，每次做20秒。

（8）脚踩一个球，向前后左右揉动，左右脚交替做，各做20秒。

（9）晚上睡觉前用热水洗脚，以促进血液循环，消除疲劳。

扁平足被矫正后正常者，在生活中应注意预防扁平足的复发。例如，少穿硬底鞋，鞋底宜厚软；避免长途行走、奔跑，脚部疲劳休息时应抬高双足，并用热水泡脚；避免脚部外伤，出现脚部疾患时应尽早治疗。

[思考题]

①——常用于矫正脊柱侧弯的体疗方法有哪些？②——常用于矫正驼背的体疗方法有哪些？③——体育康复方法在治疗糖尿病时应注意什么？④——如何对高血压患者进行体育康复治疗？

第十二章　体育技能展示与交流的指导方法

本章导读——　随着全民健身运动的进一步开展，社会体育指导员技能展示、社区居民体育技能展示、行业职工体育技能展示等活动不断在全国各地开展起来。体育技能展示与交流活动不但是参与者体育技能交流与提高的表演或聚会，而且对全民健身运动的深入开展也起着推动作用。本章主要介绍制订体育技能展示与交流方案的基本要点和应把握的基本要素，重点介绍体育技能展示的指导和体育技能展示与交流方案的制订。通过本章的内容介绍，能够使广大社会体育指导员把握体育技能展示与交流的基本含义与方法，进而促进社会体育指导员工作的有效开展。

第一节　体育技能展示与交流方案的制订

展示是指清楚地摆出来，明显地表现出来。而体育技能是指掌握和运用体育专门技术的能力。由此，我们可以把体育技能展示理解为是以提高体育技能水平、检验学习与锻炼效果、渲染全民健身氛围等为目的而进行的有组织的演示活动。

一、体育技能展示

（一）体育技能展示的特点

1. 参与人群的广泛性

体育技能展示与一般竞赛活动的主要区别是参与的人群众多。大众化的展示活动可以不分男女、不分老少，也可以是社会体育指导员之间的体育技能展示，还可以是社区居民、单位及单位之间的体育技能展示。

2. 活动过程的感染性

体育技能展示的过程是检验技能水平的过程，同时，也带有一定的表演成分。通过展示活动形成崇尚健身、参与健身和追求健康文明生活方式的良好环境和氛围。

3. 活动形式娱乐化

相对而言，大众体育活动内容及方式的娱乐性比较强，大多以民族、民间和新兴的体育项目为主，并在传统体育项目上有所创新，突出其娱乐性和健身性。

4. 活动结果的非竞技性

体育技能展示的目的是为了交流和检验体育技术学习与体育健身的效果，而不是为了争夺锦标或获取比赛的胜利。这就意味着体育技能展示活动的过程往往比结果更重要。

从体育技能展示的特点来看，它不同于运动竞技与表演。体育技能展示与表演在含义上比较相似，但双方的侧重点不同。表演主要侧重于观赏性，而体育技能展示活动不但有表演的成分，而且更侧重于交流和提高体育技能水平。在有些场合，体育技能展示也有一定的评比成分，但展示活动不过分强调竞技的结果，而是侧重于健身的实效，一般的评判结果也是等级评奖。

（二）体育展示的作用

1. 推介新兴的体育项目

在开展全民健身活动的过程中，一些民间体育项目被挖掘出来，同时，也在不断地创造一些新兴的体育项目。有些体育项目不但趣味性强，简单易行，而且有良好的健身作用和大众化特点。要推广这些体育项目，就要进行宣传与传播，而体育技能展示活动就是最为有效的传播手段之一。通过体育技能展示，可以让更多的人了解该项目、喜爱该项目，进而达到推广的目的。

2. 提高体育技能水平

群众体育活动中的体育技能展示，尤其是社会体育指导员的体育技能展示，其目的是汇报学习的效果，提高自己体育技能水平，进而有效地把握科学的体育健身方法，提高健身的科学化水平。

3. 检验体育技能学习与健身的效果

有组织的体育技能展示活动，尤其是体育管理部门组织的体育技能展示活动，往往会进行等级评奖。通过参与该项活动，体育健身爱好者可以发现自己的不足，并能从该项活动中汲取有益的“营养”，从而提高自己的体育技能水平。

4. 渲染全民健身氛围

体育技能展示活动，尤其是具有表演性质的大型体育展示活动（如xx市万人太极拳展示）具有烘托氛围、激发人们的兴趣、动员更多的人投入到全民健身运动中来的时尚推动作用。

二、体育技能交流

（一）体育技能交流的内涵

体育技能交流是指体育健身指导者或体育爱好者互相把自己的体育技能与经验提供给对方的活动方式。如果说体育技能展示中“表演”的成分占主流的话，那么，体育技能交流则更侧重于“切磋”。

（二）体育技能交流的特点与作用

（1）体育技能交流的目的在于切磋技艺、交流经验、取长补短、互相学习，进而提高自身的体育技能水平。

（2）体育技能交流不同于体育技能展示，相比而言，体育技能展示的表演或汇报的成分要多一些，而体育技能交流则主要侧重于体育技能的提高。

（3）体育技能的交流可以在个体之间进行，也可以在有组织的情况下进行集体之间的体育技能交流。

（4）体育技能交流虽然在很多时候体现的是一方向另外一方学习，但体育技能的交流仍然具有较强的互动性。

三、体育技能展示与交流方案的制订

（一）制订体育技能展示方案的程序与步骤

1. 分析预测

体育技能展示活动不同于竞技体育的比赛活动，竞技体育领域的竞赛活动具有较强的制度性、计划性和战略性。为此，无论是社区、行业性质的体育技能展示活动，还是区域性、全国性质的体育技能展示活动，都要对所辖范围内全民健身的实际情况有着较为清晰的了解，对参加展示活动的单位和参加展示活动的可能性有着较好的把握，唯有如此，才能使方案付诸实践。

2. 确定目标

确定体育技能展示方案，首先要目的明确，要有具体的工作目标和清晰的工作思路（如为什么要举办展示活动？什么人参加？展示什么？怎样展示等），然后在分析预测的基础上确定1~2个方案，以便分析讨论，优选最佳方案。

3. 人员的组织

组织体育技能展示活动时，选择和确定组织者与实施者非常重要，他们工作的好坏、能力是否能有效发挥，直接关系到活动的成败与效果。为此，在制订方案时就应根据活动的规模与要求，充分考虑组织人员和评判人员的安排。

4. 确定经费预算

体育技能展示活动离不开经费的保障，为此，筹措经费也就成了确定与实施方案的重要环节。经费的筹集要根据社会体育社会化的发展，走出体育局一家办体育的格局，形成国家、集体、个人多渠道、多形式、多层次办体育的新格局。

经费的筹集主要有以下几种渠道：

（1）专项拨款：由国家、地方或部门财政根据整体开支情况和财政力量，拨出全部或一部分活动经费，保证群体活动的基本经费开支。

（2）社会集资：由组织者征集社会各方赞助，可以是一家企业（公司、个人），也可以是多家，解决活动的全部或主要部分经费。

（3）设杯引资：这也是集资的一种形式。即根据活动内容和需要，设杯标价，征集杯主，这对杯主和组织者来说，是双方互惠的活动。杯主扬了名，使企业通过体育走向了社会；组织者解决了所需的经费，为活动创造了基础条件，保证了活动目标的实现。

（4）个人出资：活动参与者力所能及地负担一部分自己在活动中开支的经费，如自己使用的小型器材、表演服装、活动期间的饮料等。

（5）减免优惠：活动承办单位在场地、器材、设备等项收费上采取减收或免收的办法，或在某一项上采取减收或免收的办法。

5. 制订具体的工作计划

工作计划的主要内容包括工作内容、工作日程、工作要求、实施步骤、具体负责人等。工作计划要简明、周密、具体，以便执行和检查，最好用表格逐项排列出来。

6. 具体工作的实施

（1）宣传发动群众，做好群众的组织和发动工作。

（2）组建裁判队伍，确定评判（裁判）人选。

（3）办理报名工作。社会体育竞赛一般要求参赛人员要进行体格检查，并开具医务证明，有年龄规定的参赛项目，要核对年龄，保证公平竞争。

（4）编排展示活动秩序册。展示活动的秩序编排要科学、公正、合理、紧凑、时间准确、劳逸均匀。

另外，大型的体育技能展示活动还包括开幕式和闭幕式。这些活动的安排都要根据实际情况做出精心的筹划。

7. 提出并选择方案

在充分考虑体育技能展示活动的各项因素后，提出方案的初稿，并经过反复斟酌、讨论，最终确定体育技能展示活动的方案。

（二）体育技能展示方案的制订

体育技能展示活动的方案要明确以下几个要素：

（1）展示活动的目的、宗旨。

（2）活动领导小组和工作小组的构成。

（3）时间、地点。

（4）主办单位、承办单位、参加单位、赞助单位。

（5）组队办法、代表队人员构成以及参加展示活动的领队、教练、男女运动员人数。

（6）展示者资格与体检要求。

（7）比赛使用的规则与比赛方法，名次录取及奖励办法。

（8）报名与报到时间、要求，开幕式、闭幕式对各队队旗、服装、性别等的要求。

（9）路费、食宿费的规定，裁判长、裁判员的选派办法。

（10）其他未尽事宜等。

如果是大型的展示活动或社区、行业的展示活动，可根据具体情况适当增删所列的要素。

（三）制订体育技能展示方案的要求

1. 要有明确的目的性

组织体育技能展示活动首先要考虑的问题是为什么要组织该活动，即通过该活动能够起到什么样的作用？具有什么样的意义？作为组织者要准确地把握，否则活动就会流于形式。

2. 要坚持可行性原则

体育技能展示活动对规模、参加人员的要求（如有的展示活动需要奖励等因素）需要组织者进行精心筹划，要充分考虑经费、组织者的能力等要素。唯有如此，才能使体育技能展示活动有的放矢。

3. 方案要明确具体

体育技能展示方案往往是参与者的行动指南，大型的体育技能展示活动更要明确不同的项目展示的时间、地点、方法以及行走的路线等，以使体育技能展示活动有条不紊地进行。

（四）体育技能交流方案的制订

1. 体育技能交流方案的要素

一个较为完整的体育技能交流方案应包括交流活动的目的、活动的对象、活动的内容、活动的时间与地点、活动的程序与安排、活动的组织等。

2. 体育技能交流的原则

（1）目的明确。在体育技能交流活动中，首先要有明确的目的性。在确定体育技能交流方案时就要充分考虑为什么要开展此次交流活动？交流什么？怎样沟通？并在方案中要有明确的规定。

（2）安全可靠。安全原则主要体现在两个方面：如果是异地交流，主要涉及交通及个人财产安全等；无论是异地交流还是本地交流都涉及体育技能活动的安全，对于运动强度比较大的项目更应引起注意。

（3）互动交流。尽管体育技能交流活动主要体现的是一方向另外一方学习，但在活动中要互相尊重、取长补短、共同提高。

（4）注重成效。体育技能交流活动的目的是要提高体育技能水平和体育健身的科学化程度，因此，交流活动要注重实效，避免流于形式。

3.制订体育技能交流方案的程序与步骤

（1）明确交流的目的。体育技能交流的目的大多侧重于体育技能与方法的切磋。这一点在方案未起草之前就应明确。

（2）确定交流的内容。这一步主要是指交流什么问题，即哪些项目的技能需要学习和交流应在方案中明确下来。

（3）确定交流的对象。如果是双方之间的体育技能交流活动，作为访问方应了解情况，根据自己欲交流的项目去寻找有一定影响的地区或单位。如果是本社区、本系统的多方交流，要确定参与交流“单位”的数量。

（4）明确交流的方式。这一步要确定交流的时间、计划和形式。

（5）经费的预算。要明确体育交流活动所需的总经费及支出明细、经费来源、经费管理等。

（6）确定方案。在落实有关事项之后，经过讨论确定方案，并报有关部门批准。

第二节　体育技能展示与交流方法指导

体育技能展示可以在单位内、系统内、社区内进行，也可在区（县）、市、省、国家体育管理机构等有关部门组织的展示活动中进行。无论是单位组织的，还是国家组织的体育技能展示活动，一般均以所辖的区域或所属的单位为展示单元。

一、体育技能展示方法指导

从展示的特性来分，体育技能展示可分为具有竞赛性质的体育技能展示和具有表演性质的体育技能展示两个方面。具有竞赛性质的体育技能展示活动一般都是多个地区、多个单位、多人参与的活动，此类展示活动虽然没有设立锦标，但从某种角度来看，参加展示的单位仍有一比高低的态势。在大型的体育技能展示活动中，组织者往往会设立一定的奖项，但奖励的形式往往以等级评判为主。而具有表演性质的展示活动可多个单位参加，也可是众多人群组成的一个展示团队，如万人太极拳表演等。

具有竞赛性质的展示活动方式要充分考虑展示活动规模、可利用的时间、组织人员的力量等。如果时间允许，每个单位可依次进行展示。如果时间比较紧、组织人员力量不足，可多个单位同台展示。具体方法是：每个单位身着不同颜色的服装并佩戴不同的号牌，以利于区分。

体育技能展示活动所设的项目可以是单项的，也可以是多项的。一般来讲，大型的体育技能展示活动往往是展示多个项目，每个地区也会派出相应的队伍参加，项目内容可以相同，也可以不同，主要看体育技能的水平与创意。

二、体育技能交流方法指导

在体育技能交流方案中我们谈到，一个较为完整的体育技能交流方案应包括交流的目的、交流的对象、交流的内容、交流的时间与地点、交流的组织等。从交流的形式来看，体育技能交流可以是体育健身爱好者个体之间的自由交流，也可以是有组织的交流活动。下面是有组织的体育技能交流案例。

案例1：“体彩杯”2011年北京市社会体育指导员技能交流展示大会

“体彩杯”2011年北京市社会体育指导员技能交流展示大会是由北京市第八届

全民健身体育节组委会主办，北京市社会体育管理中心、北京市社会体育指导员协会承办的。据主办方介绍，本次体育技能交流活动旨在通过集中展示和宣传社会体育指导员的技术和技能水平，促进各区县、行业社会体育指导员的技艺交流，提高社会体育指导员的综合能力和素质，扩大全社会对社会体育指导员队伍的认识，在全市形成崇尚健身、参与健身和追求健康文明生活方式的良好环境和氛围。在北京市社会体育指导员技能交流展示大会上，社会体育指导员都拿出了看家本领，大家互相交流，让先进的健身理念、丰富的健身知识、科学的健身手段充实自己。

自由式的交流可以在健身站点中进行，这也是体育健身爱好者常用的交流方式，也是提高体育技能的主要方式。有组织的群体性交流要明确交流的项目和交流的方式，这样才能使体育健身爱好者有的放矢地准备相关项目的技能，进而达到交流的目的。

案例2：江苏省优秀一级社会体育指导员赴浙江宁波等市进行学习交流活动

2009年2月24日—3月16日，江苏省组织优秀一级社会体育指导员赴浙江宁波观摩、交流。在学习交流期间，大家观摩了宁波市的全民健身活动中心、晨（晚）练健身点以及舟山市、杭州市的晨（晚）练健身点，并与当地的社会体育指导员切磋了技艺、交流了心得。在观摩期间，大家都带着问题在思考：怎样借鉴别人成功经验，找准自身定位，根据当地的实际情况开设具有地方特色的群众体育健身项目。

宁波市的全民健身活动中心除了开展健美操、台球、游泳等传统项目外，还设置了动感单车、壁球、攀岩、室内高尔夫等时尚项目，每个项目都有社会体育指导员进行现场指导，受到了广大中青年人群的喜爱。定海文化广场的广场排舞规模宏大，场面壮观，有近500人参加，大家在社会体育指导员的带领下，动作整齐划一，优美舒展。他们每天伴随着悠扬的音乐翩翩起舞，不仅锻炼了身体，增强了体质，而且愉悦了心情，陶冶了情操，成为定海市一道亮丽的风景线。

本次观摩交流的另一个目的是学习和了解浙江省富有地方特色的群众体育新项目、新技能、新形式、新编排、新活动。他山之石，可以攻玉，浙江省全民健身事业发展特色鲜明、亮点突出，无论是健身项目的种类、层次，还是管理的规范程度都有许多先进的经验，值得我们学习借鉴。

大家纷纷表示，此行开阔了视野，增长了见识，很受教育和鼓舞，学到了如何坚持以满足群众日益增长的健身需求，提高群众生活质量和文明程度；学到了如何团结奋斗、齐心协力和构建和谐社会的全民健身服务体系的经验；学到了如何实事求是和从本地实际出发，想问题办实事；学到了如何发挥比较优势，做大做强群众体育特色项目；学到了如何坚持富省富民与健民乐民相结合、选准群众体育科学发展的道路。

3月16日上午，江苏省社会体育指导员交流学习团带着浙江人民的深情厚谊，带着浙江全民健身事业蓬勃发展的鲜活经验，带着推进苏浙群众体育区域合作的丰硕成果，满载而归。

[思考题]

①——体育技能展示的特点是什么？试述制订体育技能展示方案的程序与步骤。②——体育技能展示活动有哪些作用？③——试述开展体育技能交流的原则，写一份体育技能交流的总结报告书。

第十三章 体育健身项目的创新、开发与推广

本章导读—— 随着科技的发展和人民生活水平的不断提高，现代人的体育健身需求不断增加，对于体育健身项目的创新、开发与推广是社会体育满足大众需求不可忽略的重要环节，有利于体育健身活动内容的不断丰富，对于促进人们体育健身行为的持久性具有积极的意义。本章主要介绍体育健身项目创新原则、类型与要求，新兴健身项目的创新与开发的途径，以及新兴健身项目的推广。

第一节　体育健身项目创新原则、类型与要求

科技的发展和人民生活水平的提高，使现代人对身体健康重要意义的认识越来越深刻，对体育健身方法的需求也在不断增加。不断丰富体育健身活动内容和更新体育健身项目是社会体育指导员必须承担的重要任务之一，这对于促进人们体育健身行为的持久性具有积极的意义。

一、体育健身项目的创新原则

不同的社会发展阶段，体育项目在继承与保留、创新与发展中交替进行着，人们在满足需求的过程中不断地进行着取舍。从历史积累来看，其总量是不断增加的。就体育健身项目而言，创新不仅是一种发展和变化，也是为了满足不断变化的体育健身需求而出现的新的体育健身形式。为了让体育健身项目的创新能达到预期的目的，必须遵循以下原则：

1. 新颖性

崇尚新颖、追求时尚是现代人共同的心理趋向和共性。只有新颖独特的运动方式才能形成更大的号召力和冲击力，吸引人们去尝试，去实现自我追求和自我价

值。健身项目的活动方式和动作结构所体现的新颖性，可以使其更容易流行，更容易形成规模和潮流。

2. 娱乐性

体育健身项目的创新必须充分注意娱乐性的特点，在动作设计上要注意展现欢乐情趣、优美体态和动作造型，既可以个人做动作，又可以双人或多人配合做动作。新兴健身项目中充满了娱乐性，既可以增加体育健身者的运动乐趣，缓解体育健身所产生的疲劳，又可以使体育健身者加强相互间的交往，促进人际关系和谐。

3. 健身性

健身性原则的突出体现是在新兴健身项目的结构和动作设计上，要充分考虑体育健身者健身时适宜的运动负荷和全面锻炼身体的部位，使体育健身者通过体育健身获得健身实效，充分体现要面对全体体育健身者的指导思想。

4. 技能性

体育健身项目的创新具有一定的技术含量。设计技术动作时，应把握在一般体育健身者需要经过努力可以掌握的水平上。运动技术的学习过程也会使体育健身者不断去追求，也会从中体验获得成功后的乐趣。体育健身者可以在不断学习和重复练习的过程中达到强身健体、提高健康水平的目的。

二、体育健身项目创新的类型

依据人们的健身需求，体育健身项目的创新可以在以下几类项目中进行：

（一）健身类项目

此类项目一般属于轻负荷项目，主要用于健身，以及治疗和预防某些疾病。其特点是动作轻缓，动作简单重复，一般属于有氧运动，如不同类型的形体操、健身操、健身舞蹈等。

（二）健美类项目

此类项目主要用于塑造健美体型，端正姿态。其特点是动作协调、灵活、富有美感，对改善体型有明显作用。此类项目的创新主要通过运用体育健身器械而使身体形态产生变化，如大球练习、不同方式的器械操、器械组合负重练习等。

（三）娱乐类项目

此类项目主要用于丰富生活，使人的身体和精神得到放松和休息。其特点是趣味性强，如不同难度的健身舞蹈等。

（四）冒险类项目

此类项目主要用于锻炼胆量，创造奇迹，有一定的冒险性和惊险性，如乘气球空漂、悬崖跳水、踏浪滑水、高山滑草和滑沙等。

三、体育健身项目创新的依据

（一）体育健身者的健身需求

（1）依据不同的目的和任务创新：由于目的、任务的不同，在设计新兴健身项目动作的结构或艺术加工处理上应有所不同。

（2）依据不同对象的特点创新：在设计新兴健身项目时，首先要考虑对象的年龄、技术水平、身体素质条件和个性特点，并要明确项目创新的类型是属于健身类还是健美类，还是两者兼而有之；是属于娱乐类，还是属于冒险类。在确定类型的基础上重点考虑对象的特点。在动作选择和动作结构的排列上，要考虑不同对象的身心特点。

（3）依据美的规律创新：美的规律是人类运用形式规律创造美的形象的经验总结。整齐、层次、和谐、对比、均衡、节奏、多样和统一等都是形式美的表现形式。

（二）以全面发展身体为目标

（1）身体各部位活动全面：为了达到全面发展身体的目的，在创编成套新兴健身活动项目时，要尽可能充分动员整个身体参与运动，使身体各部位的肌肉、关节、韧带及内脏器官得到全面锻炼。新兴健身项目的动作设计应该按照人体解剖学特点和新兴健身项目的本身要求。

（2）动作的时空变化丰富：与其他的体育项目一样，新兴健身项目的动作也是在一定的时间、空间中进行的。其时间表象（速度、频率、持续时间）和空间表象（方向、路线、幅度、力度）的变化是否丰富，其直接影响到健身项目的健身效果。动作的时空变化丰富有助于改善神经系统的功能，提高健身者的协调性和灵敏性，进一步促进身体的全面发展。

（三）运动方法具备合理性

（1）恰当地编排动作：新兴健身项目的动作有益于健身，但对身体的影响方式和程度是不同的。由于新兴健身项目的类型不同，创编者在编排设计动作结构或进行艺术加工处理时也应有所区别。

（2）科学地安排运动负荷：新兴健身项目动作的总时间可根据任务、对象的情况来设计安排。无论哪种类型的新兴健身项目，为了达到健身效果，其运动强度就应当符合健身指标的要求，其运动负荷的安排也应该符合人体合理的生理曲线要求。

第二节　新兴健身项目的创新与开发途径

一、体育健身项目的引进和吸收

引进和吸收国外流行的健身项目，并将其与我国的实际情况相结合，使之成为体育健身的有效手段，是新兴健身项目创新不可忽略的重要途径。许多新兴健身项目都是在人类更加渴望提高生活质量的基础上产生的，不但内容丰富、简单实用，还把人们的健身需求与提高生存技能紧密结合在了一起。

目前较为流行的引进项目有跆拳道、定向越野、搏击、攀岩、踏板、瑜伽、普拉提、街舞、健身大球、动感单车、体育舞蹈、钢管舞、排舞、肚皮舞、拉丁舞、萨萨舞、踢踏舞等。将这些引进的项目洋为中用，已成为我国体育健身领域新的活动内容。

二、体育健身项目的挖掘开发

（一）对传统项目的挖掘整理

我国是一个多民族的国家，民族体育文化源远流长，对民族、民间传统体育资源的开发要有助于形成具有地方特色的健身项目。重视民族、民间传统体育资源的开发，提倡弘扬我国民族传统体育，汲取世界优秀体育文化，有利于体现时代性、发展性、民族性和中国特色。因此，对传统项目的挖掘整理和改造更新，是进行健身项目创新的又一种有效途径。具体分类方式如下：

（1）以嬉戏娱乐为主的项目：以闲暇消遣、健身娱乐为主要目的，如太极柔力球。

（2）以竞赛为主的项目：既有游戏娱乐的部分又有竞赛的内容，是一种以竞赛体力、技巧、技能为内容的娱乐体育活动，如抢花炮。

（3）配合节庆习俗的健身项目：是一个民族特有的，可在文化传递中起着重要作用的活动，它在传统庆典活动中体现了一种寓意深刻的文化表达方式，如舞龙舞狮。

（二）对竞技项目的改造更新

（1）简化规则：只保留一些能够激发体育健身者运动兴趣、使他们能兴高采烈地“玩”起来的简单规则。

（2）简化技战术：只保留适合体育健身者身心发展特点的基本技术。

（3）修改内容：去掉不利于体育健身者身体、心理、社会适应等方面健康发展的、体育健身者无兴趣的、陈旧的内容；不过分强调内容的系统性和完整性；减少竞技运动的成分，淡化“达标”式的终结性评价方式。

（4）降低难度要求：降低运动幅度和动作难度，不苛求动作的细节，减少器械的重量或改变器械的功能等。

（5）改造场地和器材：使场地和器材适合体育健身者的年龄、性别、身高等特点，满足体育健身者的兴趣和需要。

三、体育健身项目的设计创编

（一）设计创编成套动作的原则

1. 明确的目的性和针对性

设计创编成套健身操、健身舞蹈时，首先要明确设计创编的目的和任务。具体到某一套操其目的和任务又有所不同，如有的操目的是培养正确的体态，有的操是为了使身体的某个部位更健美，有的操是为了加强身体素质训练等。具体的目的和任务不同，设计创编的要求也应有所不同。提出的任务应与练习对象的要求相一致，内容的选择应与练习对象的各种情况相吻合。

2. 促进身体的全面发展

设计创编健身操、健身舞蹈时，必须注重全面发展身体的原则。选择的内容应使人体得到全面的锻炼，使关节、肌肉、韧带得到全面发展，内脏器官机能得到改善。所设计创编的动作不仅应包括人体解剖部位的各种基本动作，如不同方向的屈、伸、振、摆、绕、绕环、转、踢等动作，还应选择走、跑、跳等各种不同类型的运动形式，目的是能使身体得到均衡全面的锻炼。

3. 合理安排动作顺序和运动负荷

成套动作设计的规律是由远离心脏部位开始到逐渐接近心脏部位，再进行全身、跳跃及整理运动。其顺序排列一般为：上肢或伸展运动、头部运动、肩部运动、胸部运动、体侧和体转运动、髋部运动、全身或腹背运动、跃运动运、整理运动。根据健身者的特点，中间可以增加踢腿运动等，也可将腿部动作融入全身运动中。

设计创编健身操、健身舞蹈成套动作时，必须遵循人体运动的生理规律，运动负荷应由小到大，心率变化由低到高，波浪形地逐渐上升，然后逐渐恢复到平静状态。动作的编排应由易到难，速度由慢到快，强度由弱到强。健身操、健身舞蹈动作的编排主要以基本动作和组合动作为内容。编排是有规律的，表现为以32拍为单位，即4个8拍动作为一组，这与音乐的结构完全相同。

（二）设计创编成套动作

1. 健身操、健身舞蹈动作的创编

健身操、健身舞蹈动作繁多，内容丰富，而且又千变万化。设计动作时应将安全、有效放在首位，针对性要强，有利于提高心率，并注意合理选择搭配与连接，如有氧动作和力量动作的平衡、高低冲击力动作的平衡、左右肢体动作的兼顾以及原地动作和移动动作的交替等。

2. 掌握基本动作的正确技术

动作是设计创编的首要因素，良好的、科学的、安全的动作可以使健身者更容易接近或达到目标，反之则会事与愿违，甚至对人造成伤害；优美大方的动作可以使人赏心悦目，并给人们带来欢乐，从而延缓疲劳的产生。其运动形式主要有屈、伸、举、绕、弹、踢、摆，以及由躯干、上肢活动与下肢活动相配合而产生的各种姿态、步伐、跳动、旋转等。

3. 动作的变化和组合

（1）动作的变化就是将动作所包含的要素进行改变，这是进行动作创编的最简单而又被普遍采用的方法。动作要素包含五个方面，即动作的开始姿势、动作的方向、动作的幅度、动作的节奏（或称动作的速度）和动作的路线。

（2）将动作重新组合也是创编动作的基本方法。许多新颖、独特的动作就是在反复地将动作进行组合的情况下产生的。动作组合需要不断地进行设计创编和实践，并提高对动作设计创编的理解和认识，逐渐积累实践经验，每一次实践都将会有新的感受和认识，这样可为设计创编成套动作奠定必要的基础。

4. 设计创编单个动作与组合动作的方法

（1）同一身体部位可以设计创编的动作组合。例如，做两臂上举动作时，可以组合为一臂胸前屈、一臂侧举等。

（2）不同身体部位可以设计创编的动作组合。可分为两个部位动作的组合（如低头的同时两腿屈膝半蹲）和两个以上部位动作的组合（如两臂侧举，向侧顶胯，同时头向左侧倒等）。

（三）选择编辑音乐

1. 乐曲的类型

迪斯科、摇滚乐、爵士乐等现代风格的音乐和民族音乐都适合健身操和健身舞的设计创编。现代风格的音乐其节奏或强劲有力，或委婉舒缓，节拍清晰，能激发和振奋人们的情绪，具有较强的感染力。具有鲜明节奏特点的民族乐曲也能产生较强的艺术效果。

2. 音乐的速度

音乐的速度应根据练习对象的年龄、性别、能力等实际情况来选择。健身操、健身舞蹈音乐的速度一般在每10秒钟18～24拍之间，除跳跃运动时音乐的速度稍快以外，一般不超过每10秒钟24拍。

3. 乐曲的结构

乐曲的结构应尽量接近成套动作的结构。尽可能选择既有开始又有结尾的乐曲，具有独特风格且节拍比较完整的乐曲。这类音乐在设计创编动作时比较容易。

当选择的乐曲在时间或速度等方面不符合要求时，要对音乐进行剪接和调速，这是设计创编工作中常遇到的问题。其工作程序如下：

（1）按乐曲的曲式变化画出节拍表，并在乐曲有明显变化的地方画出标记，这样可对乐曲的段落有初步的了解。

（2）寻找乐曲有无特殊效果的地方，如乐曲的停顿或空拍等，将有特殊效果的地方用特殊符号画出标记。

（3）当所选择的乐曲在速度方面不符合要求时，可将乐曲进行调速。调速的方式有两种：一种是对整体乐曲的，另一种是对部分乐段的。

进行乐曲剪接时，应注意尽可能不破坏乐曲的节拍和段落的完整性，剪接部位应在某一段落的结尾或开始处，或在某一乐段有空拍或停顿的地方，效果比较好。如果是两首乐曲的剪接，其速度和旋律应相同或相似。

（四）设计创编健身操、健身舞蹈的步骤

当对健身操、健身舞蹈基本动作有所了解，又掌握了将动作进行变化和组合的方法后，即可进行成套动作设计创编实践，设计创编的方法和步骤如下：

（1）确定目的和任务，即明确要设计创编什么样的操，具体的目的任务及要求是什么。

（2）明确对象，即解决为谁编操的问题。需明确的内容包括健身者的性别、年龄、特点、水平、身体状况、场地器材条件等。

（3）确定风格，设计动作。风格是设计创编动作素材的取向侧重面和动作形态设计方面的个性特征。例如，有的是以现代舞为基调编成的带有迪斯科风格的健身操；有的是以武术动作和空手道动作为基调编成的具有民间动作风格的健身舞蹈；有的是以芭蕾动作和艺术体操动作为基调编成的姿态健身操等。确定动作设计的风格主要根据设计创编者的特长和练习对象的具体情况（身体素质、技能水平等）来定。确定整套动作的风格后，应注意每节所选择的动作风格要统一，切忌一套动作中出现风格各异和不协调等问题。

（4）选择音乐。无论是先选乐曲，还是请专家作曲，都要求音乐的节奏、旋律和风格与动作协调一致。

（5）组织编排成套动作的顺序，确定运动负荷。根据动作编排的规律合理安排动作顺序，并检测成套操、舞的运动负荷，绘制运动量曲线图，进行运动量分析，对不合理部分要进行修改。

（6）记写成套动作。成套动作编排完之后，应按照顺序以图文并茂的形式将动作记录下来，记写的方法、内容和顺序如下：

①写出每节动作的名称和动作重复的次数，如“第一节：侧交叉步运动（2个八拍）”。

②绘制动作简图。简图包括预备姿势、每节动作的主要姿态、动作路线和结束姿势等。

③记写每个动作的要求和做法，写出每拍动作的说明，力求简明扼要，术语正确。首先应写明预备姿势，然后写明每拍动作的做法和结束姿势。记写动作时，一般是先下肢后上肢，先左边后右边，并明确指出动作的方向、路线和做法等。

（7）实验和修改。可以选择具有代表性的对象进行实验，收集练习者对动作、音乐、运动负荷等方面的意见，再对动作进行修改。

（8）充分考虑可变化因素。在设计创编成套动作时，要充分利用基本动作来丰富健身操、健身舞蹈的内容，体现出设计创编的新意。创编者可从以下8个可以变化的因素进行考虑：

①方向变化：由于身体朝向的不同，所以有10种不同的动作方向。

②节奏变化：这一变化因素与音乐的节拍及动作速度的快慢变化有关。

③动作重复次数的变化：是指重复单侧身体动作以后再换到反方向。

④动作移动方向的变化：是指身体从原地出发移动到不同方向的不同点，常用的有原地向前、向后、向侧移动或旋转。

⑤动作杠杆的变化：是指手臂和腿的长度变化。

⑥单、双侧动作的变化：单侧动作是指一次只练习一侧上肢或腿部动作，双侧动作是指一次同时练习双侧上肢或腿部动作。

⑦动作力度的变化：是指冲击力步的难度水平，即可以是无冲击力步或低冲击力步，也可以是高冲击力步。运用不同冲击力的步伐可改变动作的难度水平和练习强度。

⑧动作平面的变化：是指上肢和腿部运动时所属的运动平面。常用的有水平面、额状面、矢状面。

第三节　新兴健身项目的推广

新兴健身项目的出现要被体育健身者的认可、掌握直至能够成为家喻户晓的健身项目，要经历一个复杂的推广过程。推广新兴健身项目的社会体育指导员有必要了解和掌握这一全过程，而避免盲目性。

一、新兴健身项目的推广方式

新兴健身项目的推广方式一般分为自上而下和自下而上两种推广方式。

（一）自上而下的推广方式

一些创新的体育健身项目经过一段时间的实验与专家评定，逐渐走向成熟，就成为国家或政府组织推广的项目，如国家体育总局组织创编的保健气功、健身秧歌、广播体操等。其推广方式一般是由国家或政府部门在进行了相应的宣传工作之后，层层举办骨干培训班，直至推广到基层群众。大致程序是全国、省级、市级、县区级、健身指导总站、指导站点，直到体育健身者。这种自上而下的推广方式具有系统性、易管理的特点，并能得到领导机构的重视，影响面大。

（二）自下而上的推广方式

基层社会体育指导员根据体育健身者的需求自行创编的健身项目，如健身腰鼓、筷子舞、花棒操、太极操等，首先在体育健身群体中传播普及，并通过不同的展示活动得到相关部门的重视，然后组织相应专家论证，最后经县、市、省甚至国家的认可后得以推广。自下而上的推广方式一般具有较强的群众基础，又由于产生于基层，普及程度较高。

二、新兴体育健身项目的推广程序

（一）选择确定推广项目

推广项目的选择必须根据广大群众对健身项目的需求来确定。推广者根据体育健身群众的环境条件、相关项目开展现状以及项目开展过程中出现的困难和问题，形成对他们的整体认识，并在此基础上挑选出适合他们需求的健身项目开展推广活动。

（二）明确推广目标与对象

（1）推广目标是指拟定推广的项目所要达到的预期目的，即项目的推广对当地全民健身活动可能产生的影响及影响的程度。在新兴大众健身项目的推广程序中，设置的推广目标可以是具体的，如健身者对推广项目相关理论知识的了解、对推广项目的喜爱程度、对推广项目技术的掌握情况、推广项目对健身者身体各器官机能的影响等；推广目标也可以是宏观的，如通过项目推广使群众体会到国家和政府对群众健身的关怀，以及对全民健身和社会发展产生的深远影响等。

（2）广义的推广对象是指全体不同年龄阶段的人群。狭义的推广对象是要选定推广新兴健身项目的目标人群，可根据推广的内容选择健身项目推广对象的范围和数量。一旦项目确定后，就要根据项目的技术含量、时间要求、素质条件等确定人选。

（三）实施项目推广方案

新兴健身项目的推广要严格按照先实验后推广的程序进行。为保障推广项目的安全性、可行性，要对受众人群的适应性进行小面积的实验，使健身项目既具备新颖性又具备科学性，并让受众人群了解推广项目的相关理论知识、技术要领和实施过程。最后再按照项目推广方案有组织地利用各种体育资源推广项目，排除干扰因素和意外情况，并根据情况及时调整和逐渐完善健身项目推广方案，实现健身项目推广目标。

（四）进行推广项目的效果评估

推广效果评估是指推广活动完成后，对其效果进行的评估。其目的是检查推广活动是否已经达到预期目标，从中发现问题并及时修正推广程序或步骤。评估内容包括宣传效果评估、培训效果评估、体育健身效果评估和表演或比赛效果评估等。

[思考题]

①——新兴体育健身项目创新的原则有哪些？

②——体育健身项目创新的途径有哪几种？

③——新兴健身项目的推广应注意哪些问题？

④——以大众健身操为例，设计一套社区推广方案。

推荐阅读书目

［1］郭星华，谭国清. 问卷调查技术与实例［M］. 北京：中国人民大学出版社，1997.

［2］吕树庭. 体育社会测量方法［M］. 广州：广东高等教育出版社，1998.

［3］张力为. 体育科学研究方法［M］. 北京：高等教育出版社，2002.

［4］张力为，毛志雄. 运动心理学［M］. 北京：高等教育出版社，2007.

［5］张力为，毛志雄. 体育科学常用心理量表评定手册［M］. 北京：北京体育大学出版社，2010.

［6］刘方琳，张力为. 运动员眼中的心理疲劳——一项探索性的定性研究［J］. 体育科学，24（11）：37-44.

［7］高丙中. 西方生活方式研究的理论发展叙略［J］. 社会学研究，1998，（3）：66-70.

［8］王雅林. 生活方式研究评述［J］. 社会学研究，1995（4）：43.

［9］徐正明. 生活方式纵横谈［M］. 成都：四川大学出版社，1985.

[10] 卢元镇. 体育社会学（第三版）[M]. 北京：高等教育出版社，2010.
[11] 谢军，陈少坚. 闽台民众体育交流方式、内容及意义的调查分析[J]. 体育科学研究，2011（5）.
[12] 唐宏贵. 体育健身原理与方法[M]. 武汉：湖北人民出版社，1999.
[13] 吕新颖，段子才. 大学生体育健身的理论与方法[M]. 合肥：合肥工业大学出版社，2005.
[14] 李岳峰，蒋仲君，张鹏. 时尚休闲运动[M]. 北京：高等教育出版社，2007.
[15] 孟宪君. 大众流行健身项目理论与实践[M]. 北京：高等教育出版社，2003.
[16] 冯治隆. 体育理论与实践教程[M]. 北京：中国林业出版社，2004.
[17] 马鸿韬. 健美操创编理论与实践[M]. 北京：高等教育出版社，2004.
[18] 李相如，凌平，卢锋. 休闲体育概论[M]. 北京：高等教育出版社，2011.
[19] 秦椿林，张瑞林. 体育管理学[M]. 北京：高等教育出版社，2002.
[20] 张先松. 健身健美运动[M]. 武汉：华中科技大学出版社，2009.
[21] 李相如，苏明理. 全民健身导论[M]. 北京：高等教育出版社，2008.
[22] 国家体育总局普通人群体育锻炼标准研制组. 普通人群体育锻炼标准锻炼手册[M]. 北京：高等教育出版社，2003.
[23] 国家体育总局国民体质测定标准研制组. 国民体质测定标准[M]. 北京：人民体育出版社，2003.
[24] 王正伦. 科学健身新概念[M]. 南京：江苏科学技术出版社，2003.
[25] 范文全. 谈民间体育锻炼应注意的事项[J]. 辽宁教育行政学院学报，2003.
[26] 郑旗，李吉慧. 现代体育科学研究的理论与方法[M]. 北京：人民体育出版社，2001.

[27] 励建安. 康复医学（第2版）[M]. 北京：科学出版社，2008.
[28] 孙强三，邱健青. 常见疾病的康复治疗指南[M]. 济南：山东大学出版社，2005.
[29] 王名，刘国翰，何建宇. 中国社团改革——从政府选择到社会选择[M]. 北京：社会科学文献出版社，2001.
[30] 姚颂平. 体育运动概论[M]. 北京：北京体育大学出版社，2006.
[31] 李建国. 体育强国的基础——体育公共服务体系建设[J]. 体育科研，2009.
[32] 王才兴. 上海市体育公共服务的实践与探索[J]. 体育科研，2008.
[33] 上海市体育局群体处. 社会体育指导员培训辅助教材[M]. 上海：复旦大学出版社，2005.
[34] 肖林鹏. 社会体育管理[M]. 北京：北京体育大学出版社，2005.
[35] 邵学海，廉京辉. 现代管理科学概论[M]. 济南：黄河出版社，2002.

全民健身相关文件

“健康中国2030”规划纲要

社会体育指导员管理办法

全民健身计划（2016–2020年）

全民健身条例